Reise durch

DEUTSCHLAND

Bilder von
Horst und Daniel Zielske,
Martin Siepmann
und Karl-Heinz Raach

Texte von
Ernst-Otto Luthardt

Stürtz

Vorherige Seite:
Heidelberg mit seiner malerischen Schlossruine, die hoch über dem Neckar thront, ist für viele Besucher der Inbegriff deutscher Romantik.

Unten:
Napoleon nannte die Würzburger Residenz „Europas größten Pfarrhof". Balthasar Neumanns großartiges Treppenhaus wird von einem Gewölbe umspannt, auf das Giovanni Battista Tiepolo das größte zusammenhängende Fresko der Welt gemalt hat.

__Seite 10/11:__ Bis in das Jahr 800 reicht die große Tradition des Klosters St. Trudpert im südlichen Schwarzwald zurück, die heute von den „Schwestern vom heiligen Josef" aufrechterhalten wird.

Inhalt

Als jeder kleine Fürst König spielte

Die Pfalzkapelle, die Karl der Große zwischen 786 und 805 errichten ließ, ist gewissermaßen das Herz des Aachener Münsters. Hier wurden zwischen dem 10. und dem 16. Jahrhundert 30 deutsche Könige und Kaiser inthronisiert. Der marmorne Kaiserstuhl ist über sechs Stufen erreichbar – wie der Thron König Salomos.

Ausgerechnet die deutschen Könige des Mittelalters waren es, die es nicht zu Hause hielt. Neben dem Osten, wo neues Territorium und reiche Beute warteten, zog es sie vor allem nach Italien. Dabei vergrößerten sie zwar das Heilige Römische Reich deutscher Nation (seit 962) immer mehr, vernachlässigten aber die Aufgaben daheim. Nach dem Untergang der staufischen Dynastie im Jahr 1254 konnte kaum mehr von einer königlichen Zentralgewalt gesprochen werden. Dafür schlug die Stunde der vielen weltlichen und geistlichen Territorialherren und auch der reichen Städte. Sie alle machten Politik auf eigene Rechnung; jeder fühlte sich als kleiner König. Die vielen kleinen Residenzstädte erblühten, leisteten sich Theater und Orchester. Die Landesherren sammelten wertvolle Kunst und schöne Künstlerinnen und hörten nicht eher auf, ein prächtiges Gebäude nach dem anderen zu bauen, bis die Kassen leer waren. Und die wohlhabenden Reichsstädte standen ihnen darin kein bisschen nach. So paradox es auch klingen mag, aber dieses politische Trauerspiel gebar andererseits jenes Erbe, welches die Touristen an Deutschland so mögen.

Wo sich Meer und Land vermählen

Während das Meer im Mittelalter noch allgemein für den Anfang vom Ende der Welt gehalten wurde, war es jenen seefahrenden Kaufleuten, die sich zum Bund der Hanse zusammenschlossen, Weg zu neuen Ufern und Gewinnen. In der Tat schaffte es der im 14. Jahrhundert seine Blütezeit erlebende größte deutsche Städtebund, den Handel auf den nördlichen Meeren zu beherrschen und dabei reich zu werden. In Lübeck, Hamburg, Bremen oder anderen Städten zeigte man, was man hatte. Ließ reich

geschmückte Wohn-, Kranken-, Rat- und Gotteshäuser im Stil der „Backsteingotik" errichten. Schleswig-Holstein war zunächst Seefahrer- und Bauernland. Mit der Entdeckung des Badebetriebes als Massenvergnügen entwickelte sich die touristische Industrie, die heutzutage wieder mehr auf Klasse denn auf Masse setzt. So gibt es, alternativ zu den großen Stränden, genug Möglichkeiten auch auf individuellen Urlaub. Und wer, zumindest auf Zeit, ein Insulanerdasein führen möchte, kann dies sowohl auf nord- wie auch auf ostfriesische Art tun.
Die ostfriesischen Ferieninseln Norderney, Borkum oder Spiekeroog gehören allerdings bereits zu Niedersachsen. Dieses flächenmäßig zweitgrößte Bundesland verbindet Mittelgebirge (Harz) und Meer (Nordsee). Das, was dazwischen liegt, ist flach, aber alles andere als langweilig. So zum Beispiel jene grandiose unter Schutz gestellte Heidelandschaft um Lüneburg, deren zahllose Erikastauden im Herbst ein rotes Blütenmeer zaubern. Oder die Schlösser und Bürgerhäuser im Stil der sogenannten „Weserrenaissance", deren reich verzierte, steinerne oder fachwerkene Fassaden geheimnisvolle Geschichten erzählen.

Von Ländern, die nur Städte sind

Ehe sich die Weser mit der Nordsee vermählt, treibt sie erst noch ihr Spiel mit einer alten Stadt, deren Gründung 787 auf Kaiser Karl den Großen zurückgeht, der hier ein Bistum einrichtete. So wurde Bremen denn auch im 11. Jahrhundert „Rom des Nordens" geheißen, bis dann drei Jahrhunderte später der Geist und das Geld der Hanse die Entwicklung bestimmten. Steingeworden, kann man dieser Blütezeit noch heute begegnen; so am Markt – mit Dom und gegenüberliegendem Schütting (-haus) sowie Rathaus. Nicht zu vergessen der – Roland geheißene – steinerne Riese, der seit 1404 mit Schwert und Schild über die städtischen Freiheiten wacht.
Wie Berlin und Hamburg ist Bremen Stadt und Staat zugleich. Mit dem zur See hin vorgelagerten Bremerhaven umfasst es ein Territorium von rund 400 Quadratkilometern und ist damit das kleinste aller Bundesländer.
Fast doppelt so groß, aber auch eben nur ein Winzling im Vergleich zu Niedersachsen, auf dessen Territorium beide Stadtstaaten liegen, ist Hamburg mit Deutschlands größtem Hafen. Dieser weltgrößte Be- und Entladeplatz ist mit seiner Speicherstadt auch für Touristen von besonderer Anziehungskraft. Dienen doch die Hallen und Häuser nicht nur dem Geschäft, sondern auch – neugotisch die Hanse zitierend und mit schönen Fassaden – zur Zier. Im Gegensatz aber zu manch anderen Kommunen dieses

Die ersten Badegäste besuchten Ahlbeck bereits 1852. Hauptattraktion des heute größten Seebades der Ostseeinsel Usedom ist die auf Stelzen gebaute hölzerne Seebrücke, die 1889 in zwei Bauabschnitten errichtet wurde. In der Saison ist es ein wahrer Glücksfall, im Brückenrestaurant einen Platz zu bekommen.

Städtebundes hat Hamburg Bedeutung und Anziehungskraft nicht nur seiner Vergangenheit, sondern auch der Gegenwart zu verdanken. Die Fast-Zwei-Millionen-Stadt ist nicht nur wirtschaftlich-industriell, sondern auch in Sachen Kunst, Ballett, Oper und Schauspiel eine internationale Top-Adresse. Nicht zu vergessen das legendäre Vergnügungsviertel von St. Pauli.

Kleiner Exkurs über die Enge

Nordrhein-Westfalen hat die höchste Einwohnerzahl (18 Millionen) aller Bundesländer auf dem nur viertgrößten Territorium. Besonders eng geht es, für Industrie und Menschen, im Ruhrgebiet zu, Europas größtem urbanem Ballungsraum, wo Städte wie Bochum, Gelsenkirchen, Leverkusen oder Recklinghausen längst ineinander übergehen. Freiwillig ins Gedränge stürzen sich die Leute alljährlich zur Karnevalszeit. Bevölkern in ihren Maskeraden die Tanzsäle und ziehen am Rosenmontag mit Musikkapellen und Festwagen durch die Straßen. Solche sehenswerten Spektakel erlebt man am besten in Köln oder Düsseldorf. Apropos Köln: Die Großstadt am Rhein war schon in der Antike die größte römische Niederlassung nördlich der Alpen, während man in den Aachener Thermen Badefreuden nachging. Beide Städte belegen übrigens mit ihren Gotteshäusern aus romanischer bis gotischer Zeit große deutsche Reichs- und Architekturgeschichte. Doch dieses Land gehört nicht nur der Industrie oder den Städten, sondern auch der Natur – mit der vulkangeborenen Nordeifel oder dem Sauerland, wo sogar Weltmeisterschaften im Bob- und Rodelsport stattfinden.

Wo die Hexen tanzen

Nachdem die sächsischen Fürsten zu Königen gekrönt worden waren, zog es sie mit Macht nach Osten, um die heidnischen Slawen zu missionieren und ihr Land zu gewinnen. Stein-

geworden in Kirchen und Burgen, kann man dieser Zeit entlang der „Straße der Romanik" begegnen. In Quedlinburg war Fürst Heinrich gerade mit seiner Lieblingsbeschäftigung, dem Fangen von Finken befasst, als ihn 919 die Nachricht von seiner Wahl zum deutschen König erreichte. Seine Grablege, die Stiftskirche oben auf dem Schlossberg, zählt ebenso zu den großen Hinterlassenschaften romanischer Kunst in Deutschland wie die Kirche St. Cyriakus zu Gernrode.

Zurück zum Harz. Dessen höchster Gipfel, der Brocken, wird durch eine besonders romantische Bahnverbindung – mit einer schnaufenden alten Dampflokomotive – erschlossen. Schneller dürfte es allerdings auf Besenstielen und quer durch die Lüfte gehen, wie es alljährlich in der Walpurgisnacht (30. April) die Hexen aus nah und fern praktizieren sollen, um sich hier zu ihrem größten Fest zu treffen. Gilt doch der Brocken seit dem Mittelalter als der deutsche Hexenberg!

Bootsfahrt in die alte – neue Hauptstadt

Nicht so sehr auf Hexen, dafür eher auf Riesen (-gräber) stößt man in Mecklenburg-Vorpommern. Hier haben sich jedoch nicht nur die Geschichten um vorzeitliche Hünen oder gespenstische Meereswesen und -ungeheuer in unsere Zeit gerettet, sondern auch manch reale Hinterlassenschaft: kleine Fischerdörfer mit schilfgedeckten Dächern, urwüchsige Landschaften wie der Darß und ehemals prächtige, später ziemlich heruntergekommene Seebäder. Diese heißen Heringsdorf, Kühlungsborn oder Ahlbeck und zeigen nun wieder voller Stolz alte, zum Teil hölzerne Badearchitektur. Von besonderem Reiz ist Rügen, Deutschlands größte Insel. Hier wechseln flache, sandige Badestrände mit einer imposanten Steilküste aus leuchtendem Kalkstein. Doch die Ostsee hat ein kleines, aber nicht minder idyllisches Gegenstück. Die Mecklenburgische Seenplatte ist noch Refugium für viele geschützte Tier- und Pflanzenarten. Freizeitkapitäne können über die Seen, Flüsse und Kanäle bis nach Berlin (und weiter) fahren.

Der Deutschen größte Kommune ist seit 1991 auch wieder Hauptstadt und Herz des wiedervereinigten Landes. Es wird viel gebaut in Berlin. Die Moderne – Ministerien, Firmengebäude, kulturelle Einrichtungen – prägt nun auch den Osten der Stadt. Und die Friedrichstraße kann sich neuer Pracht rühmen. Neben den bekannten architektonischen (Schloss Charlottenburg zum Beispiel als Höhepunkt preußischer Baukunst) oder musealen Highlights (wie den Komplex der Museumsinsel mit hochkarätigen Exponaten der Weltkunst) sollte man sich auch

Einst war das Brandenburger Tor Sinnbild für Preußens Glanz und Gloria, dann – über vier Jahrzehnte hinweg – für die Teilung Deutschlands und Berlins. Seit 1989 symbolisiert es die wiedergewonnene Einheit des Landes und seiner Hauptstadt.

das Erlebnis ur-berlinerischen Milieus – mit originellen Kneipen, Galerien, Bühnen und dem passenden Menschenschlag dazu, wie es der Stadtteil Prenzlauer Berg bietet – nicht entgehen lassen.
Wem es allerdings mehr nach Alleinsein zumute ist, dem seien Brandenburgs Seen und Kiefernwälder empfohlen, welche die Hauptstadt umgürten. Hier haben die Preußen, dem alten Sprichwort zum Trotz, erfolgreich auf Sand gebaut. Symbol dieser erstaunlichen Entwicklung zur europäischen Großmacht ist Friedrich der Große, der den Krieg liebte und Frauen hasste und mit Schloss Sanssouci ein zauberhaftes Erbe hinterließ, das so gar nicht zur preußischen Sparsamkeit passen will.

Im Weihnachtsland

Lange Zeit waren die Sachsen der Preußen mächtigster Widerpart. Ihre Hauptstadt Dresden erblühte zum „Elbflorenz“. Kunst und Literatur wurden gefördert, die Komponisten in ganz Europa bekannt. So auch Johann Sebastian Bach, dessen Ruhm nicht nur in seinen Werken, sondern auch mit dem Thomanerchor zu Leipzig weiterlebt. Bach stammte allerdings aus Thüringen, das dazumal noch zu Sachsen gehörte und auch heute noch vieles mit ihm gemein hat: Die alten Kernlande der lutherischen Reformation locken mit vielfältiger Landschaft und reichem baulichen und geistigen Nachlass. So zählt die thüringische Landeshauptstadt Erfurt zu den sehenswertesten und an Historie interessantesten Städten Deutschlands. Doch neben der langen gemeinsamen Geschichte verbindet Thüringen und Sachsen auch eine attraktive weihnachtliche Gegenwart. Sind es im Thüringerwald die Glasbläser mit ihrem Christbaumschmuck, die die Menschen in ihren Bann ziehen, so gilt das sächsische Erzgebirge als *das* deutsche Weihnachtsland überhaupt: mit Pyramiden und Nussknackern, Räuchermännchen und vielen alten Bräuchen und Festen.

Die schöne Loreley

Trotz der Industrie ist Deutschlands größter Strom, der Rhein, nicht zur Kloake verkommen, und so dürfen die vielen Besucher der Weinlande getrost davon singen, wie schön es wäre, „Wenn das Wasser im Rhein gold'ner Wein wär'…". In der Tat ist die Hoffnung, dass in Hessen auch solcherlei Träume wahr werden, nicht ganz unbegründet. Lauern doch in den tiefen Forsten die Geheimnisse. Die „Deutsche Märchenstraße" verbindet diese überlieferten Geschichten und Orte und führt auch zu Dornröschens Schloss, der Sababurg. Kaum weniger Burgen und heimelige Fachwerkorte erschließt übrigens eine andere, seit alters berühmte Trasse: Die „Bergstraße" soll man am besten im Frühling befahren, wenn die vielen Obstbäume im weißen Blütenkleid Hochzeit halten.

Eine schöne Jungfrau soll es gewesen sein, die einst die Schiffer auf dem Rhein ins Verderben lockte, indem sie hoch droben auf steilem Felsen so betörend sang, dass die da unten alles vergaßen. Und obwohl seit Längerem die Schöne weder gesehen noch ihr Lied vernommen wurde, ist die Anziehungskraft jenes überlieferten Schauplatzes größer denn je. Der Loreley-Felsen gilt als einer der vielbesuchtesten romantischen Sehnsuchtsorte Deutschlands. In der Tat präsentiert sich der Rhein zwischen Mainz und Koblenz von seiner besten Seite, mit Burgenstaffage, Weingärten und verwinkelten Ortschaften. Kein Wunder, dass dieser paradiesische Flecken Erde auch unter den Herrschern des Heiligen Römischen Reiches Deutscher Nation so beliebt gewesen ist, dass sie auch noch nach ihrem Tode hierbleiben wollten. So birgt der Dom zu Speyer die Grablegen von gleich acht deutschen Kaisern und Königen, und auch die romanischen Gotteshäuser der Landeshauptstadt Mainz und zu Worms, die alte Abtei Maria Laach sowie viele andere Kirchen spiegeln auf beeindruckende Weise die Gedanken und Gefühle einer vergangenen Zeit. Den Ruf, älteste Stadt ganz Deutschlands zu sein, beansprucht Trier, das vor über 2000 Jahren von den Römern gegründet und 285 Hauptstadt ihres westlichen Teilreiches wurde.

Von Trier ist es nur noch ein Katzensprung in das Saarland. Dessen Gebiet war lange Zankapfel zwischen den beiden „Erbfeinden" Frankreich und Deutschland und kam erst 1957 – nach einer Volksabstimmung – an die Bundesrepublik. Doch die Einwohner haben nicht nur eine (damals noch bedeutsame) Hütten-, Stahl- und Maschinenbauindustrie, sondern auch eine Konterbande mit eingebracht – französisches Lebensgefühl tut nicht nur dem menschlichen Miteinander, sondern auch der saarländischen Küche gut. Findet man doch hier Restauratio-

Ob im Sommer oder im Winter, im Herbst oder im Frühling – der Schwarzwald ist zu allen Jahreszeiten ein vielbesuchtes Urlaubsland. Hier finden sich noch viele der typischen hölzernen Bauernhäuser, unter deren weitausladenden Dächern Mensch und Vieh zusammenleben.

nen, derentwegen man sich den Weg nach Frankreich sparen kann. Natürlich war diese Region nie Ferienland im klassischen Sinne. Doch trotz der Montanindustrie (gewesener) Übermacht finden sich hier genug Naturplätze – mit der Saarschleife bei Mettlach als Höhepunkt. Und nach dem Ende der „Eisenzeit", sprich: der wirtschaftlichen Umstrukturierung, gibt es erstaunliche Metamorphosen der einstigen Industrieburgen zu bestaunen, die sich nicht nur in Saarlouis, Neunkirchen oder Völklingen musealer oder anderer kultureller Bestimmung erfreuen.

In die „Hauptstadt deutscher Romantik"

In Heidelberg, der „Hauptstadt deutscher Romantik", besteht laut einem bekannten Lied nicht wenig Gefahr, sein Herz zu verlieren. Andere wiederum sehen dafür den legendären Schwarzwald besser geeignet. Steht doch dieses von alten Tannen bewachsene und durch bezaubernde Ortschaften bekannte Mittelgebirge im Ruf einer nahezu idealen Urlaubslandschaft. Denn hier läuft auch heute noch alles ein wenig anders – gemächlicher, menschlicher. Die Zeit hält sich so lange in den hölzernen Schwarzwalduhren versteckt, bis sich ein Türchen öffnet und ein Kuckuck sie herausschreit. Natürlich geht es auch hier in Baden-Württemberg schneller. Zum Beispiel mit Autos von Mercedes oder Porsche. Und am Bodensee tüftelt man sogar an raketenschneller Weltraumtechnologie.

Ein Volksfest der Superlative

In Bayern tragen die Leute nicht nur Lederhosen und Trachtenkleider, wie die Werbung glauben machen will. Aber auf dem Münchner Oktoberfest kann man diese Moden und Typen ebenso genießen wie das würzige Bier nebst den dazugehörigen Weißwürsten. Eine zusätzliche Dimension bekommt das Erlebnis dieses weltgrößten Volksfestes durch das Flair der Weltstadt München. Hier mischt sich alpen-

Ihr
werdet traurig sein,
aber eure Traurig-
keit wird in Freude
verwandelt werden.
Andenken
an unseren Sohn
und Bruder August,

Die sanften grünen Hügelketten des Allgäus ziehen sich vom Bodensee im Westen bis zum Lech im Osten und bilden mit ihren pittoresken Dörfern, historischen Städten und märchenhaften Schlössern das Entree zur Alpenkette. Hier der Blick von Ussenburg über Rieden, den Forggensee und Schwangau auf den Säuling.

ländisches Lebensgefühl mit Modernem und Mondänem. Wer hierher reist, ohne München zu sehen, hat etwas versäumt. Gleiches gilt aber auch für Deutschlands „Traumstadt" Rothenburg ob der Tauber im bayerischen Frankenland, unzerstört aus dem Mittelalter erhalten, scheint sie wie ein Gruß aus einer anderen Welt.

Franken war auch die Wirkungsstätte großer deutscher Künstler der Spätgotik beziehungsweise der Renaissance – so des Bildhauers Veit Stoß und des Malers Albrecht Dürer, deren Leben und Schaffen eng mit der berühmten Reichsstadt Nürnberg verbunden sind. Die Altäre und Plastiken Tilman Riemenschneiders hingegen findet man sowohl in und um Würzburg als auch im lieblichen Tal der Tauber. Goethe mochte diese alte Kulturlandschaft ganz besonders, bezog aus Nürnberg Bücher, Karten, Münzen und Porzellan für seine Sammlungen und aus Würzburg den Wein. Und ließ die Maria aus seinem bekannten Schauspiel „Götz von Berlichingen" gewisslich verkünden: „Franken ist ein gesegnetes Land!"

Seite 22/23:
Steil stürzen die weißen Kreidefelsen auf der Ostseeinsel Rügen ins Meer. Romantische Maler und Dichter sahen in ihnen ein leuchtendes Hochzeitskleid für die Vermählung von Himmel und Wasser und in den uralten Laubbäumen das grüne Bukett dazu.

Seite 24/25:
Der Blick über Frankfurt zeigt, dass sich die Stadt ihrer Lebensader, dem Main zuwendet. Die Ufer sind baumgesäumt und ein vielgenutzter Ort der Entspannung. Der Commerzbank-Tower ist mit der Antenne über 300 Meter hoch und somit das höchste Gebäude Frankfurts.

Landschaften, Menschen und Temperamente zwischen Nordsee und Ruhr

Der Flügger Leuchtturm auf der Insel Fehmarn. Schleswig-Holsteins einzige Ostseeinsel misst knapp 200 Quadratkilometer und gilt als wichtiges Teilstück der sogenannten „Vogelfluglinie", die Mitteleuropa und Skandinavien verbindet.

Was mögen das wohl für Leute sein, die mitten im Wattenmeer der Nordsee ihr Zuhause wählen? Auf winzigen Inseln, deren Namen Nordstrandischmoor oder Süderoog länger scheinen als sie selbst. Wobei diese flachen Winzigkeiten so gefährdet sind, dass man für die Gebäude künstliche Hügel errichten musste und nun gewissermaßen auf Stelzen wohnt. Es heißt, dass Landschaften Menschen prägen und umgekehrt. Die Leute aus Norddeutschland gelten als „Fischköpfe", womit nicht das Aussehen, sondern das Temperament gemeint ist. Handeln sie doch selbst in brenzligen Situationen nach der Devise: „Erst abwarten und Tee trinken!" Danach aber krempeln sie die Ärmel hoch …

Vor reichlich 100 Jahren machte ein winziges Dorf in den um Bremen gelegenen Mooren große Kunstgeschichte. In Worpswede suchten Maler wie Fritz Mackensen, Heinrich Vogeler oder Otto Modersohn nach alternativen künstlerischen Wegen. Ließen Landschaft und Menschen auf Leinwand neu erstehen.

An der Ruhr dagegen ging es einst fast nur um Kohle und Erz. Die Menschen löcherten die Erde zu Schweizer Käse. Und stellten zwischen die riesigen Fördertürme und Werkhallen ihre winzigen Häuser. Enger konnten Arbeit und Alltag nicht verwoben sein. Hier das Gigantische, dort das Bescheidene – das man wie nirgends sonst einzurichten wusste: mit Blumenparadiesen en miniature, dem Taubenschlag unterm Dach und dem Hasenstall im Schuppen. Dieses inzwischen auch veränderte Leben im „Revier" hat sich zumindest noch in der Sprache erhalten. Ursprünglich nur für den Beruf des Bergmanns stehend, ist dort jeder jedermanns „Kumpel".

Seite 28/29:
Die St. Pauli Landungsbrücken. Wie es einer solchen, Meer und Wasser verbindenden Zwischenstation zukommt, schwimmt dieser knapp 700 Meter lange zweistöckige „Wasserbahnhof“ auf riesigen Pontons.

Unten:
Noch immer hängt – direkt oder indirekt – etwa jeder zehnte Arbeitsplatz in der Hansestadt Hamburg vom Hafen ab, dessen Anfänge auf das Ende des 12. Jahrhunderts zurückgehen. Das „Tor zur Welt“ umfasst heute ein rund 85 Quadratkilometer großes Gelände.

Rechts und rechts Mitte:
Der Container-Umschlagplatz gehört zu den „Top Six“ der Welt und bildet mit seinen hochmodernen Anlagen einen unübersehbaren Kontrast zu der Mitte des 19. Jahrhunderts im historisierenden Stil errichteten Speicherstadt (rechts Mitte).

Ganz oben:
Ohne die rund 500 Meter lange Köhlbrandbrücke, die in kühner, Schwindel erregender Konstruktion den Hafen mit dem Hinterland verbindet, käme der Verkehr in Hamburg zum Erliegen. Die Konstruktion datiert von 1973/74 und überquert die Süderelbe.

Oben:
Ursprünglich für die Seeleute etabliert, ist die Lustmeile um die Reeperbahn längst zu einem der größten Vergnügungsviertel für jedermann geworden. Der Straßenname „Große Freiheit“ erinnert an jene Privilegien von 1611/12, denen der Stadtteil Altona seinen Aufschwung verdankte.

Unten:
Früher die Regel, dann fast nur noch in Freilichtmuseen, heute wieder im Kommen: schilfgedeckte Häuser. Die Bedeckung aus nachwachsendem Naturmaterial ist nicht nur etwas für Nostalgiker, sondern hat auch manche praktischen Vorzüge.

Rechts:
Der sogenannte Ellenbogen ist – nomen est omen – eine schmale, geschwungene Halbinsel, die am nördlichen Ende der Insel Sylt ins Meer ragt. Die Wanderdünen um das „Ostindienfahrerhuk“ sind unter Naturschutz gestellt.

Rechts oben:
In St. Peter-Ording zieht sich der Strand mehr als zehn Kilometer hin und wird bis zu 500 Meter breit. Weithin bekannt ist das nordfriesische Heilbad an der Spitze der Halbinsel Eiderstedt durch seine typische Sportart – das Strandsegeln.

Rechts Mitte:
Travemünde ist eines der ältesten, größten und bekanntesten deutschen Ostseebäder. Dessen Geschichte und Geschichtchen im 19. Jahrhundert hat Thomas Mann in seinen „Buddenbrooks" geschildert. Der heutige Strand ist knapp fünf Kilometer lang.

Rechts unten:
List ist einer der sieben Ferienorte auf Sylt, der mit knapp 100 Quadratkilometern größten und mondänsten nordfriesischen Insel. Außer den Stränden liegen die landschaftlichen Vorzüge Sylts in der grandiosen Dünenwelt, im Steilufer des „Roten Kliffs" und den stillen Heidegebieten der Dörfer.

Im Nationalpark „Niedersächsisches Wattenmeer" bei Sahlenburg. Die einmalige Strandlandschaft, die mit den Gezeiten ihr Antlitz verändert, wurde 1986 unter Schutz gestellt. Unter kundiger Führung kann man bei Wanderungen die vielfältigen amphibischen Lebensformen des Watts kennenlernen.

Unten:
Der Leuchtturm auf der Deichkrone von Pilsum half bis 1915 den Steuermännern der Schiffe, die Einfahrt von Oster- und Westerems in den Dollart problemlos zu bewältigen. Heute genießt er den Status eines Wahrzeichens Ostfrieslands. Der Anstrich des stillgelegten Leuchtturms ist nicht mehr rot-weiß, sondern rot-gelb.

Oben:
Helgoland, das Felseneiland in der Nordsee, misst noch nicht einmal einen Quadratkilometer, ist aber von großer touristischer Anziehungskraft. Der Klippenrandweg bietet die Möglichkeit, die vielen bizarren Felsgebilde der Insel von oben zu sehen. Die „Lange Anna“, ein freistehender, von der Natur geschaffener Turm, ist das Wahrzeichen der Insel und steht seit 1969 unter Schutz.

Unten:
Seit dem Jahr 1882 feiern die Kieler alljährlich im Juni mit ihren vielen Gästen die „Kieler Woche“, wo sich Segler aus aller Welt zu Regatten auf der Ostsee treffen. Zum Sport gibt es seit längerem auch ein äußerst vielfältiges und hochkarätiges Kulturprogramm; ein echtes Sommerfest von internationaler Bedeutung.

Rechts oben und unten:
Über 2000 Boote und 5000 Segler nehmen in Kiel an den Regatten in allen Bootsklassen teil. Ein Höhepunkt der Veranstaltung ist die

Windjammerparade mit bis zu 100 Schiffen. Auf dem Bild oben die „Alexander von Humboldt“, die 1907 vom Stapel lief und ihren Heimathafen in Bremerhaven hat.

Rechts Mitte: Der mehr als hundertjährigen Tradition der großen Regatten folgend, war Schleswig-Holsteins Landeshauptstadt 1936 und 1972 auch Austragungsort der olympischen Segelregatten. Übrigens: Segelboote mehr als genug gibt es hier auch außerhalb der „Kieler Woche“ zu sehen.

Oben:
Mit seinen vielen alten Bauten der Backsteingotik und der Renaissance ist Lübeck, die ehemalige „Königin der Hanse", eine der sehenswertesten Städte Deutschlands. Das obige Bild zeigt den Holstenhafen, den die Kaufmannshäuser und Speicher mit ihrer schönsten Seite, der Giebelseite, grüßen.

Rechts:
Wahrzeichen des von Heinrich dem Löwen gegründeten Lübeck ist das Holstentor aus dem 16. Jahrhundert. Die damaligen Bauleute haben dafür so viele Ziegelsteine verbaut, dass es im Laufe der Zeit den Boden unter den Füßen verlor und einsackte.

Rechts unten:
Die Wikingersiedlung Haithabu datiert in ihren Anfängen aus dem 9. Jahrhundert und besaß sogar eine eigene Münzherstellung. Nach den archäologischen Ausgrabungen und Rekonstruktionen sind Reste der Anlage sowie viele Funde – mit einem Wikingerschiff als Höhepunkt – im Haithabu-Museum zu besichtigen.

Seite 40/41:
Bremens Marktplatz zeigt sich von seiner schönsten Seite. Die steinerne Monumentalfigur des „Roland" (1404) steht als Symbol bürgerlicher Freiheit gegenüber dem erzbischöflichen Landesherren vor dem Rathaus.

Links:
Wuchtig überragt der Ratzeburger Dom den Hafen und die Stadt. Am berühmten Dom wurden – noch vor Lübeck – die monumentalen Möglichkeiten des Backsteinbaus bewiesen. Das herausragende romanische Bauwerk geht auf den niedersächsischen Herzog Heinrich den Löwen zurück, der hier auch sein letztes Refugium besaß, ehe er 1181 in die Verbannung nach England ging.

Links:
Die Insel Fehmarn beansprucht gleich zwei Superlative: Sie ist nicht nur das sonnenreichste, sondern auch das niederschlagsärmste Gebiet Deutschlands. Zu den insgesamt 42 Dörfern gehört Orth im Westen der Insel – hier mit seinem Hafen.

Unten:
Die alte Seefahrer- und Handelsstadt Flensburg ist vor allem mit dem Westindien-Handel zu Wohlstand gelangt. Die Zeit unter dänischer Herrschaft, von 1440 bis 1867, hat die Stadt also durchaus vorangebracht.

Johann Wolfgang von Goethe und Friedrich von Schiller

Am 7. November 1775 traf Goethe in Weimar ein und erregte schon bei seiner Ankunft Aufsehen. War er doch einigermaßen bunt gekleidet, eben in jenem blau-gelben „Werther-kostüm", das der gleichnamige Held seines ein Jahr zuvor erschienenen Briefromans „Die Leiden des jungen Werthers" zu tragen pflegte. Immerhin bekannte sich der Dichter ganz offen zum autobiografischen Stoff dieses Buches und offenbarte später sogar, dass er seinen unglücklich liebenden literarischen Helden sterben ließ, um selbst zu überleben.

Auch wenn Goethe vom damals erst achtzehnjährigen Herzog Karl August höchstpersönlich nach Weimar eingeladen wurde, zerrissen sich Höflinge und Bürger der kleinen Residenzstadt gleichermaßen das Maul über ihn. Meinten, man habe den Bock zum Gärtner gemacht! Sollte doch Goethe eigentlich als „Fürstenerzieher" fungieren, doch nun gab er sich noch wilder als der Regent selbst. So zum Beispiel als sich die beiden gen Weihnachten mit Schlittschuhen auf den überfluteten und zugefrorenen Ilmwiesen verlustierten und halb Weimar zusah, wie sie mehr auf dem Eis lagen, denn darauf glitten.

Welch Glück für Goethe, dass er nicht nur Karl August begeisterte, sondern auch eine reife und einflussreiche Frau am Hofe – Charlotte von Stein. Ihr gehört zweifellos das Verdienst, den jungen Stürmer und Dränger so geformt zu haben, dass Weimar nicht nur ein episodisches, sondern das Hauptkapitel in seinem Leben wurde …

So machte der „Junge Wilde" schon bald auch politische Karriere. Es dauerte nicht lange, bis man ihn in das „Geheime Consilium", die Regierung, berief. Nachdem er seine politische Karriere als Legationsrat begonnen hatte, krönte er sie als höchster Beamter des Herzogtums, also als Regierungschef. Seine Interessen und Leidenschaften waren unglaublich vielfältig und stets miteinander verflochten. So betrieb er nicht nur die große Politik des kleinen Weimar und brachte ein erfolgreiches Theaterstück nach dem andern auf die Bühne, sondern betätigte sich auch erfolgreich als Naturwissenschaftler. Entdeckte dabei den Zwischenkieferknochen des Menschen, veröffentlichte eine „Farbenlehre" und verschiedene andere bedeutsame Beiträge zu geologischen und botanischen Themen. Wie wenige Menschen war er in der Lage, auf unterschiedlichsten Gebieten produktiv, ja bahnbrechend zu wirken.

Natürlich war er ein ganz anderer Charakter als Schiller. Der wurde nicht nach Weimar gerufen, sondern kam, um dem bewunderten Goethe nahe zu sein und auch in der Hoffnung, dass dieser ihm helfen und ihn unterstützen würde. So geschah es denn auch. Ab 1794 datiert jene enge persönliche Bindung zwischen den beiden Großen deutscher Dichtung. Nachdem Schiller zunächst als Geschichtsprofessor in Jena gelehrt hatte, siedelte er 1799 endgültig nach Weimar über. Man sah sich oft, diskutierte, regte sich gegenseitig an, wetteiferte um die besten Theaterstücke. Schauplatz: das Weimarer Theater, dessen Direktor Goethe war, bis er 1816 das Handtuch warf. Der Grund war ein dressierter Hund, den eine schauspielernde Geliebte des Herzogs als Hauptdarsteller auf die Bühne gebracht hatte – Goethe war empört.

Im Gegensatz zu Goethe konnte sich der stets kränkelnde, unter ständigen Geldsorgen leidende Schiller solcherlei Affronts nicht leisten. Er war froh über jeden Auftrag. So auch 1804, als der Erbprinz Karl Friedrich die russische Zarentochter Maria Pawlowna heiratete und man zunächst Goethe um ein Huldigungsstück bat. Erst nach dessen Nein wurde Schiller gefragt.

Seine Schwierigkeiten in Weimar fanden nicht einmal mit seinem Tod ein Ende. Nachdem er am 9. Mai 1805 seinem schweren Lungenleiden erlegen war, wurde er drei Tage später, eine Stunde nach Mitternacht, auf dem Jakobsfriedhof im sogenannten „Kassengewölbe" beigesetzt. Dies war eine Art Gemeinschaftsgrablege für all jene, die kein eigenes Erbbegräbnis besaßen.

Gut zwei Jahrzehnte später glaubte man unter 23 ausgegrabenen Schädeln den größten als den des Dichters identifiziert zu haben – 2008 wurde er jedoch mittels DNA-Analysen für unecht erklärt, ebenso die Gebeine. Schillers Sarg in der Weimarer Fürstengruft, wo auch Goethes sterbliche Überreste ruhen, muss nun leer bleiben …

Links:
Das Denkmal Goethes und Schillers vor dem Weimarer Nationaltheater schuf 1857 der berühmte sächsische Bildhauer Ernst Rietschel.

Oben:
Die nach der Herzogin Anna Amalia benannte Bibliothek in Weimar birgt die größte Sammlung klassischer deutscher Literatur.

Johann Wolfgang von Goethe

Geboren am 28. 8. 1749 in Frankfurt am Main.
Studium der Rechte in Leipzig, Frankfurt und Straßburg (1770). Hier Bekanntschaft mit Herder und Dichtergemeinschaft des „Sturm und Drang".
Zurück in Frankfurt, erste literarische Arbeiten. Mit dem Roman „Die Leiden des jungen Werthers" auf einen Schlag in ganz Deutschland bekannt (1774).
1775 Übersiedlung nach Weimar, auf Einladung des Großherzogs Karl August. Schon bald an allen wichtigen Regierungsgeschäften beteiligt.
1786–1788 Flucht aus der Enge des höfischen Weimars nach Italien.
1788 Erstes Zusammentreffen mit Schiller.
1790 erscheint der „Urfaust".
1791–1816 Direktor des Weimarer Theaters.
1806 Heirat mit Christiane Vulpius, Arbeiterin in einer Papierblumen-Manufaktur, mit der er schon etliche Jahre zusammengelebt hatte.
1807–1833 erscheint die Autobiografie „Aus meinem Leben. Dichtung und Wahrheit".
Gestorben am 22. 3. 1832 in Weimar.

Friedrich von Schiller

Geboren am 10. 11. 1759 in Marbach (Neckar).
1773–1780 an der württembergischen Karlsschule zunächst Rechts-, ab 1775 Medizinstudium.
1782 Nach der Uraufführung seines Schauspiels „Die Räuber" ist der Name des jungen Regimentsarztes in aller Munde. Schiller nutzt die Gelegenheit zu desertieren.
1789 Professor für Geschichte in Jena – auf Veranlassung Goethes, um Schillers Auskommen zu sichern.
1790 Trauung mit Charlotte von Lengefeld, einer Offizierstochter aus dem thüringischen Rudolstadt.
Ab 1791 zunehmendes Leiden an Tuberkulose.
Ab 1794 Freundschaft und Zusammenarbeit mit Goethe auf dem Gebiet der Literaturtheorie und Balladendichtung.
1799 endgültige Übersiedlung nach Weimar.
Er starb am 9. 5. 1805 und ist besonders durch seine Schauspiele („Wallenstein-Trilogie", „Wilhelm Tell" oder „Maria Stuart") in aller Welt bekannt.

Links:
Das Schiller-Nationalmuseum in Marbach am Neckar erinnert an den größten Sohn der Stadt.

Rechts:
Goethes Arbeitszimmer in seinem Haus am Weimarer Frauenplan: Der Dichter schrieb im Stehen an seinem Pult.

Hannover, die einstige Residenz der Welfen (1636–1866), erhielt bereits im 13. Jahrhundert das Stadtrecht. Landeshauptstadt von Niedersachsen wurde sie 1946. Die Geschicke der 500 000-Einwohner-Kommune werden vom Neuen Rathaus am Maschteich aus geleitet. Nach der Zerstörung eines großen Teils seiner historischen Substanz im Zweiten Weltkrieg wurde die neue Stadt besonders großzügig angelegt.

Rechts:
Eine besondere Sehenswürdigkeit Hannovers ist der Große Garten in Herrenhausen in barockem Stil. Als Gäste der Kurfürstin Sophie (1630–1714) weilten unter anderem der Philosoph Leibniz und der Komponist Händel im Schloss.

Oben:
In Wolfsburg sind nicht nur das Volkswagenwerk, sondern auch die Musen zu Hause. Das Kunstmuseum (1994) lockt schon äußerlich durch seine interessante Architektur. Der gläserne Baldachin, der die einzelnen Gebäudeteile überspannt, ruht scheinbar schwerelos auf 18 schlanken Säulen.

Links:
Blick auf das Tagungszentrum der Hannover-Messe, einem der größten und bedeutendsten Welthandelsplätze und Anziehungspunkt nicht nur für Manager und Banker.

Die Elbe, Deutschlands zweitgrößter Fluss, entspringt im böhmischen Riesengebirge und mündet bei Cuxhaven in die Nordsee. Auf seinem Lauf wechselt er seine Gesichter, prägt Menschen und Landschaften. Hier ein Stück Flusslandschaft im Norddeutschen Tiefland.

Sand, schütteres Gras, Wacholderbüsche, Schafherden und einsame Bauerngehöfte kennzeichnen das wehmütig-romantische Bild der Lüneburger Heide zwischen Hannover und Hamburg. Die einstmals dichten Wälder fielen allesamt der Salzgewinnung zum Opfer, das heißt sie nährten jene Feuer, welche die Salzsieder unter ihren Pfannen schürten. So gesehen entstand die Heide erst durch Menschenhand.

Bei Schlechtwetter oder in der Dämmerung wirkt die Heidelandschaft unheimlich und bedrohlich. So wurzeln hier besonders viele Spuk- und Mordgeschichten. Im Spätsommer dagegen, wenn der Erika-Teppich blüht und die Sonne am Himmel steht, scheint die Heide zu glühen.

Unten:
Celle, am Südrand der Lüneburger Heide, zählt zu jenen alten niedersächsischen Städten mit besonders gut erhaltener Fachwerksubstanz. Die Altstadt wurde bereits im 14. Jahrhundert angelegt und dann im 16. erweitert; die schönen Giebelseiten der Häuser schauen straßenwärts.

Rechts:
Der Dom zu Hildesheim wurde im Jahre 872 gegründet. Im Zweiten Weltkrieg schwer beschädigt, ist er längst in alter Schönheit wiedererstanden. Seine ottonischen und romanischen Ausstattungsstücke sowie der Domschatz zählen zu den wertvollsten sakralen Kunstwerken des Mittelalters in Deutschland.

Links:
Stade ist eine alte Stadt, die bereits Mitte des 12. Jahrhunderts Markt-, Gerichts-, Zoll- und Münzrecht erhielt. Als Mitglied der Hanse diente die Kommune als Umschlagplatz für den Seehandel des südlichen Niedersachsens und als Marktort für das Niederelbe-Gebiet. Sie war damals bedeutender als Hamburg.

Unten:
Für den berühmten Naturforscher Alexander von Humboldt bestand kein Zweifel, dass Hann. Münden zu den sieben schönstgelegenen Städten des Erdballs zählt. Am Zusammenfluss von Werra und Fulda zur Weser sucht das Fachwerkensemble der Altstadt seinesgleichen.

Unten Mitte:
Lüneburg, die von Kriegszerstörungen nahezu verschonte ehemalige Hansestadt, liegt am Nordrand der Heide, die ihren Namen trägt. Die Stadt konnte ihr mittelalterliches Gepräge unverfälscht wie kaum eine andere norddeutsche Kommune bewahren.

Oben:
Der Barkenhoff in Worpswede gehörte dem Maler Heinrich Vogeler, der hier Freunde und Gleichgesinnte um sich scharte und den Hof zum Mittelpunkt der berühmten Künstlerkolonie machte.

Unten:
Von 1997 bis 1999 entstand am Düsseldorfer Hafen der futuristische Gebäudekomplex des Neuen Zollhofs nach den Plänen des amerikanischen Architekten Frank O. Gehry.

Rechts:
Ab den 1990er-Jahren entstand am Düsseldorfer Hafen ein Viertel mit Bürohäusern, in dem sich etliche Unternehmen aus der Medien- und Modewirtschaft ansiedelten. Rund 40 Restaurants, Kneipen, Clubs und eine große Discothek machen den Medienhafen auch abends zu einem lebendigen Viertel.

Unten:
Zur einen Hälfte konvex, zur anderen konkav und zu Recht als architektonische Meisterleistung gelobt: das Treppenhaus des Bonner Kunstmuseums, welches nicht nur Foyer und Ausstellungsräume miteinander verknüpft, sondern selbst Blickfang für die vielen Besucher ist.

Unten Mitte:
Das heutige Design-Zentrum Nordrhein-Westfalen in Essen war früher das Kesselhaus eines Bergbauunternehmens. Der englische Stararchitekt Norman Foster schaffte das Kunststück, das riesige Gebäude den neuen Aufgaben entsprechend in der Bauhaus-Tradition zu restaurieren.

Ganz unten:
In Essen regierte der „Kanonenkönig“ Alfred Krupp. Seine nach eigenen Entwürfen auf den Ruhrbergen bei Bredeney erbaute Villa Hügel wurde 1953 einer gemeinnützigen Stiftung übereignet, die sie seither für kulturelle Zwecke nutzt.

Alte Stadtapotheke

Seite 52/53:
Die Dächer allesamt aus blaugrauem Schiefer, die leuchtendweißen Fassaden mit dunklem Fachwerk gegliedert – so präsentiert sich die Altstadt von Freudenberg im Siegerland.

Unten:
Geheimnisumwoben und vielgedeutet – die Externsteine bei Detmold im östlichen Teutoburger Wald. Die legendäre Felsgruppe zieht nicht nur Naturfreunde an, sondern auch Anhänger des Übersinnlichen. Fest steht, dass die Externsteine schon in frühgeschichtlicher Zeit als Kultstätte gedient haben.

Oben Mitte:
Am Niederrhein bei Xanten. Der Wasserweg Rhein war bereits den Römern wichtige Verkehrsader für Menschen und Waren. Ihre Colonia Ulpia Traiana war Vorgängerin Xantens.

Oben:
Die Landschaft am Niederrhein ist zwar nicht so dramatisch wie der Mittellauf des Flusses, dafür aber von eindringlichem Reiz. Haben sich doch hier alte Auenlandschaften erhalten – wie zum Beispiel nahe der Bislicher Inseln – die das ursprüngliche Bild des Stromes bewahren und für Tiere und Pflanzen ein Refugium sind.

Über 700 Jahre hinweg haben sie die Landschaft im Norden Deutschlands geprägt, heute sind sie eine wahre Seltenheit – jene Mühlen, welche die Naturkraft Wind einfangen und damit ihre schweren Mahlsteine bewegen. Hier die Mühle in Petershagen.

Rechts:
Köln, die Millionenstadt am Rhein, galt bereits im Mittelalter als eine der größten und reichsten Städte des Abendlandes. Der Fluss prägte ihre Entwicklung und die Menschen, die aber auch seit alters mit dessen Launen – sprich Hochwasser – fertig werden müssen. Dann sind die unmittelbar in Ufernähe gelegenen Stadtviertel – wie hier der Alte Markt mit der romanischen Kirche Groß St. Martin – nur auf Stegen begehbar.

Unten:
Der Kölner Dom ist das Wahrzeichen der Stadt. 1248 als umfangreichstes Bauprojekt des Mittelalters begonnen, wurde die monumentale Kathedrale erst 1880 fertiggestellt. Links erhebt sich der mächtige Bau der Kirche von Groß St. Martin.

Bilder rechts:
Wer die sprichwörtliche, überschäumende rheinische Lebensfreude erleben will, komme zur Karnevalszeit nach Köln oder Düsseldorf und lasse sich mitreißen. Höhepunkte sind die Umzüge am Rosenmontag, wo – wie hier in Köln – die ganze Stadt auf den Beinen ist und feiert.

Links:
Die alte Bischofsstadt Münster. Der historische Stadtkern gilt als einer der schönsten ganz Deutschlands. Im gotisch geprägten Rathaus wurde 1648 der Westfälische Frieden geschlossen, der den Dreißigjährigen Krieg beendete.

Unten:
Raesfeld ist nicht nur eines der schönsten westfälischen Wasserschlösser, sondern auch ein höchst geschichtsträchtiger Ort. Machte es doch Graf Alexander II. von Velen, Generalfeldmarschall des Kaisers, in der Zeit des Dreißigjährigen Krieges zu einem politischen und künstlerischen Zentrum des Reiches.

Unten:
Auch das Haus Bodelschwingh in Dortmund ist eines der vielen Wasserschlösser, die das westfälische Land mitprägen. Wo der Schutz der Berge fehlte, musste das Wasser bei der Verteidigung helfen.

Oben:
Wuppertal, im Bergischen Land, ist eine traditionsreiche Großstadt und durch eine ganz besondere Verkehrsattraktion bekannt – die Schwebebahn. Bereits 1900 ging der Ingenieur Karl Eugen Langen mit seiner Idee der kommunalen Personenbeförderung in die Luft. Obwohl inzwischen hundertjährig, schwebt die Bahn noch immer zwischen den Häusern. „Altes Eisen", sagt man in Wuppertal stolz, „aber kein Rost!"

Oben:
1894–1899 als erstes Bauwerk dieser Art in Deutschland am Dortmund-Ems-Kanal errichtet, versah das Schiffshebewerk Henrichenburg in Waltrop bis 1962 seinen Dienst – das heißt es hob oder senkte Schiffe von einer Kanalebene auf die andere. Die ingenieurtechnisch hochinteressante Anlage ist heute als Außenstelle des Westfälischen Industriemuseums zu besichtigen.

Von der Ostsee zum Rennsteig

Als „Musikwinkel“ wird jener Zipfel des sächsischen Vogtlandes bezeichnet, der nicht nur ins Böhmische hineinreicht, sondern auch dessen Musiktraditionen fortführt. In Markneukirchen und den umliegenden Ortschaften sind viele Instrumentenbauer zu Hause – und oft auch große Virtuosen zu Gast, die hier neue Instrumente in Auftrag geben.

Als die beiden deutschen Staaten wieder zusammenkamen, galt es hüben und drüben, die Geografie aufzufrischen. So staunte man zum Beispiel über die reiche architektonische Substanz der einstigen Hansestädte Rostock, Stralsund, Wismar oder Greifswald. Und fand Lobeshymnen für jene kopfsteingepflasterten Straßen, die anderswo – unter dem Vorwand der Untauglichkeit für das motorisierte Zeitalter – längst beseitigt worden waren. Genoss, zusätzlich zu der nostalgischen Erfahrung des Durchrüttelns und -schüttelns, noch das einmalige Erlebnis, unter einem Blätterdach aus uralten Bäumen zu fahren.

Inzwischen kennt man sich (fast) aus. Weiß nicht nur das alte Pflaster, sondern auch den neuen Asphalt zu schätzen – nebst solchen Routen, die bestimmten thematischen Schwerpunkten gewidmet sind. Wie etwa die „Silberstraße“, welche die reichen Bergwerksstädte des sächsischen Erzgebirges verknüpft und zur Adventszeit, wenn der Schnee Bäume und Wiesen verzuckert und in jedem Fenster die geschnitzten Lichterbogen leuchten, eine ganz besondere Stimmung vermittelt.

Auch diejenigen, die gern zu Fuß unterwegs sind, haben längst ihre Lieblingslandschaften und -plätze entdeckt. Besonders großen Ansturms muss sich in dieser Hinsicht der Thüringer Wald erwehren. Vor allem sein legendärer Höhen- und Wanderweg: der Rennsteig. 1330 bezeugt, liegt sein wirkliches Alter ebenso verborgen wie der Grund für seine Existenz. Sei's drum – hier ist man zwar auf 168 Kilometern nicht immer allein, aber stets obenauf. Was sowohl wörtlich zu nehmen ist als auch im Sinne von Harmonie und Zufriedenheit: mit sich selbst und der Welt.

Unten:
Stralsund ist eine der sehenswertesten Küstenstädte Mecklenburg-Vorpommerns. Mit dem Beitritt zur Hanse im Jahre 1293 begann eine mehrhundertjährige Blütezeit, deren bauliche Hinterlassenschaft mehr als 400 denkmalgeschützte Gebäude umfasst. Hier der Blick von Altefähr.

Rechts:
Caspar David Friedrich, der berühmte romantische Maler, hat sie oft auf Leinwand gebannt – die Klosterruine Eldena unweit seiner Geburtsstadt Greifswald. Das ehemalige Zisterzienserkloster wurde 1199 gegründet und spielte bei der Christianisierung des westlichen Pommernlandes eine bedeutende Rolle.

Links:
Rostock liegt mit seiner Fünftelmillion Einwohnern geschützt an der Mündung der Warnow in die Ostsee. Bevor um 1200 die Kolonisten kamen, siedelten hier bereits Slawen. Die Arbeiten an St. Marien, welche auf dem Bild die Umgebung überragt, begannen um 1230. Um 1452 war der mächtige Bau vollendet.

Unten:
Blick auf den Alten Hafen von Wismar mit dem Schabelthaus, einst Sitz des Bürgermeisters, heute ein Museum, das die Geschichte der Seefahrerstadt zeigt. Das Wassertor, ein imposanter Bau aus dem 15. Jahrhundert, war Teil der Stadtbefestigung.

Oben:
St. Nikolai überragt hier die Wismarer Patrizierhäuser mit ihren prunkvollen Fassaden. Zu der sehenswerten Ausstattung gehört auch ein gotischer „Schifferaltar“.

Unten:
Die Insel Rügen ist eines der beliebtesten Urlaubsziele an der Ostseeküste. Hier ist die gegenseitige Durchdringung von Land und Wasser so intensiv, dass kein Ort weiter als acht Kilometer von der Küste entfernt liegt. Das Fischerdorf Baabe gehört zu jenen Badeorten, die erst relativ spät Anschluss an das Kurleben fanden.

Rechts:
Leuchtturm-Zwillinge auf Kap Arkona. Der kleinere Bau stammt aus der klassizistischen Architekturperiode und wurde von keinem Geringeren als dem berühmten preußischen Baumeister Karl Friedrich Schinkel errichtet. Von hier ist es nur ein Katzensprung zum vielbestaunten Kreidekliff, das nahezu 50 Meter steil zum Meer abfällt.

Ganz rechts:
Die Seebrücke in Sellin strahlt wieder in altem hellem Glanz. Das ehemalige Fischerdorf lag einst unbeachtet zwischen den Südhängen der Granitz und dem Selliner See. Mit dem Bau der Kleinbahn 1895 kamen dann die ersten Gäste.

Unten:
Das Hotel „Kaiser Wilhelm“ und die Villa „Germania“ zählen zu den Gebäuden in Bansin, die nach einem langen Dornröschenschlaf ihr Aussehen aus glanzvoller Zeit zurückerhalten haben. Das vielfrequentierte Ostseebad liegt im Osten der Insel Usedom und hat – wie die Nachbarorte Heringsdorf und Ahlbeck – einen feinen, nahezu steinfreien Sandstrand.

Unten Mitte und ganz unten:
Der erste Badegast des kleinen Fischerortes Ahrenshoop auf der Halbinsel Darß war 1880 ein Maler, doch er ließ es sich wohl nicht träumen, dass ihm künftig so viele Künstler nachfolgen würden. Die Kolonie datiert bereits aus der Zeit der Jahrhundertwende und ist bis heute durch bekannte Persönlichkeiten aus Bildender Kunst und Literatur geprägt.

Unten:
Ein absolutes Muss sind die weiträumigen Anlagen von Schloss und Park Sanssouci in der alten preußischen Hauptstadt Potsdam. König Friedrich II. selbst hat Mitte des 18. Jahrhunderts die Planung dieses Meisterwerkes des sogenannten „Friderizianischen Rokoko" in die Hand genommen und mit den prachtvollen Schlossräumen und Gärten bewiesen, dass er nicht nur ein Mann des Krieges, sondern auch der Kunst war.

Unten:
Nach der Ostexpansion war Schwerin die erste deutsche Stadt östlich der Elbe und schon 1167 Grafen- und 1171 Bischofssitz. Für das jetzige Bild des Schlosses als Residenz der mecklenburgischen Herzöge stand Chambord an der Loire Pate. Berühmte Baumeister der damaligen Zeit – so unter anderem Gottfried Semper – haben dazu die Pläne geliefert (Bauzeit von 1843–57).

Oben:
Die Neue Orangerie in Sanssouci war Resultat eines Künstlertraumes König Friedrich Wilhelms IV. und Ausdruck deutscher Italiensehnsucht. Der Bau zitiert italienische Renaissancebauten, zum Beispiel die Villa Medici in Rom, und wurde zwischen 1851 und 1857 errichtet.

Unten:
Die auf einer Havelinsel gelegene Kleinstadt Werder ist durch ihren Obstanbau und noch mehr durch den Obstwein bekannt. Alljährlich im Mai wird hier das Baumblütenfest gefeiert. In der Kirche hat sich bis heute das hölzerne Abbild eines kelternden Christus erhalten.

Unten Mitte:
Die verästelten Kanäle zwischen Lübbenau und Lehde bilden die Straßen des Spreewalds. Doch die unvergleichliche Kleinlandschaft des Spreedeltas platzt fast aus den Nähten. Zu groß ist zumindest in der Saison der Ansturm der Besucher, die sich auf den typischen Flachbooten durch die Kanäle staken lassen wollen.

Ganz unten:
Theodor Fontane ist der Dichter der Mark Brandenburg. Heutzutage folgen nicht wenige seinen „Wanderungen durch die Mark Brandenburg", die er in den gleichnamigen Reisebildern zu Papier gebracht hat. 1907 ehrte ihn seine Geburtsstadt Neuruppin mit einem Denkmal.

Vor den Toren von Cottbus ist Schloss Branitz gelegen. Der Bau, ausgeschmückt von Gottfried Semper, ist von einer großartigen Parklandschaft umgeben, die der Besitzer des Schlosses, Fürst Hermann von Pückler-Muskau, geschaffen hat. Der berühmte Gartengestalter selbst ruht in einer von Wasser umgebenen Erdpyramide in seinem Park.

Seite 70/71:
Das Reichstagsgebäude wurde im Spreebogen von 1884 bis 1894 nach den Plänen von Paul Wallot errichtet. Nach dem Umbau durch Lord Norman Foster ist es seit 1999 Sitz des deutschen Bundestages.

Unten:
Das im ausgehenden 17. Jahrhundert von König Friedrich I. für seine Gemahlin erbaute Schloss Charlottenburg in Berlin ist die bedeutendste architektonische Verkörperung der absolutistischen preußischen Staatsidee.

Rechts:
Die Kaiser-Wilhelm-Gedächtniskirche am Berliner Breitscheidplatz wurde Ende des vergangenen Jahrhunderts erbaut und im Zweiten Weltkrieg schwer beschädigt. Den „hohlen Zahn“ integrierte man als Überrest in den Neubau von 1959-63.

Links und Seite 74/75:
In den 1920er-Jahren war der Potsdamer Platz einer der verkehrsreichsten in Europa. Nachdem er mehrere Jahrzehnte eigentlich nur noch dem Namen nach existiert hatte, avancierte er nach der Wende zur größten Baustelle des Kontinents. Heute hat die „Neue Mitte“ Berlins wieder ein Gesicht.

Oben:
Alte und neue Perspektiven: Der Berliner Dom am Gendarmenmarkt beherrschte einst die Silhouette der historischen Stadt. Der Fernsehturm am Alexanderplatz war seinerzeit ein Prestigeobjekt der DDR.

Unten und rechts Mitte:
Bereits im 18. Jahrhundert erhielt das Elbsandsteingebirge mit seinen bizarren Felsen und dichten Wäldern den Namen „Sächsische

Schweiz". Die Basteibrücke befindet sich 194 Meter über der Elbe und ist ein idealer Aussichtspunkt über den Fluss zu den Tafelbergen.

Rechts oben und rechts unten: Von der Festung Königstein hat man einen herrlichen Blick über das Elbtal und zum Lilienstein (oben). Hinter den dicken Mauern suchten die sächsischen Landsherren in unruhigen Zeiten Zuflucht und brachten ihre Kunst- und Staatsschätze in Sicherheit, während ihre Untertanen Krieg und Plünderungen über sich ergehen lassen mussten.

Unten:
Das berümte Panorama von Dresden, das neben den vielen Kunstschätzen für den Namen Elbflorenz verantwortlich ist.
Von links nach rechts: das Schloss, die Hofkirche, die Semperoper und die Augustusbrücke.

Links:
Die Frauenkirche ist eines der markantesten Bauwerke von Dresden. 1945 im Zweiten Weltkrieg zerstört, war die Ruine als Mahnmal mitten in der Stadt erhalten geblieben. Auf privaten Initiativen und mit Spenden aus aller Welt begann der Wiederaufbau nach der Wende. 2005 wurde die Kirche im Vorfeld der 800-Jahr-Feier Dresdens eingeweiht. Die schwarzen Steine stammen aus den Trümmern der alten Frauenkirche.

Links:
Dresdens großartige barocke Residenzanlage ist der Zwinger, der von 1711-28 von dem Hofarchitekten Matthäus Daniel Pöppelmann erbaut wurde und nicht nur mit beeindruckender Architektur, sondern auch mit wertvollen Sammlungen glänzt.

Oben Mitte:
„Dieses Bild allein ist eine volle Künstlerwelt", urteilte Goethe über Raffaels „Sixtinische Madonna", das bekannteste Meisterwerk der Galerie „Alte Meister" im Dresdner Zwinger. Diese im sogenannten „Augusteischen Zeitalter" begründete Sammlung zählt zu den bedeutendsten der Welt.

Oben:
Auch für das Jagdschloss Moritzburg an Dresdens grüner Taille zeichneten August der Starke als Bauherr und Pöppelmann als Baumeister verantwortlich. Der Prachtbau inmitten einer Parkanlage ist ein echter Besuchermagnet. Namensgeber war allerdings nicht der Vollender August, sondern Herzog Moritz, der Begründer (1542-46).

Links:
Die Leipziger Nikolaikirche, das älteste und zugleich größte Gotteshaus Leipzigs, war Ausgangspunkt für die friedliche Revolution von 1989. Von hier aus zogen am 9. Oktober 70 000 Menschen durch die Innenstadt und gaben den Anstoß für die großen gesellschaftlichen Veränderungen im Osten Deutschlands.

Unten:
Leipzigs City-Hochhaus, auch „(Steiler) Zahn“ genannt, ist 155 Meter hoch. Nicht so hoch hinaus wollen dagegen die Musen: Im Gebäude des Gewandhauses (links) hat das gleichnamige berühmte Orchester seinen Sitz.

Burgenherrlichkeit an Rhein und Saale

Zum romantischen Bild Deutschlands gehören die Burgen. Doch vor nicht einmal zwei Jahrhunderten lagen nicht wenige dieser mittelalterlichen Wehrbauten noch in Schutt und Asche, waren entweder zerstört oder von ihren Bewohnern verlassen worden. Und das Land, zerfallen in viele Klein- und Kleinststaaten, befand sich in ähnlicher – politischer – Lethargie. Ein starker Nationalstaat war entweder ein Traum oder eine schöngefärbte Erinnerung. Denn das Mittelalter, das man in dieser Zeit wiederentdeckte, war keinesfalls *die* ideale Epoche, als die man sie nun zu zeichnen begann. Und die Ritter waren nicht nur Helden, sondern auch Schurken. Wie dem auch damals war, den verfallenden oder schlafenden Burgen tat diese Entwicklung gut. Sie standen plötzlich im Licht der Öffentlichkeit, wurden renoviert oder zumindest die Ruinen gesichert, bekamen ein neues Gesicht …

„Klassische" Burgenlandschaften gibt es in Deutschland gleich mehrere, doch die bekannteste ist zweifellos der Mittelrhein. Wer das malerische Flusstal zwischen Mainz und Koblenz befährt, am besten mit dem Schiff, sieht Burg an Burg. Sie heißen Ehrenfels, Rheinstein, Gutenfels, Marksburg, Stolzenfels und Lahneck oder, sinnigerweise, die „feindlichen Brüder". Und die ungewöhnlichste ist zweifellos die als eine Art steinernes Schiff erbaute und mitten im Fluss stehende Pfalz bei Kaub …

Doch das poetische Bild hat einen martialischen Ursprung. Der alte Grenzfluss Rhein wurde, hüben und drüben, über die Jahrhunderte hinweg mit Wehrbauten befestigt. Solch eine Burg hoch über dem Fluss diente jedoch nicht nur patriotischem, sondern auch finanziellem Anliegen. So ließ es sich von den Zöllen und anderen Tributen der Schiffer und Kaufleute gut leben. Der zweite große deutsche Burgenfluss liegt im Osten des Landes: die Saale. Ein bekanntes Lied zitiert ihren sprichwörtlichen Burgenreichtum: „An der Saale hellem Strande / stehen Burgen stolz und kühn …" In der Tat war sie bis ins 10. Jahrhundert Grenze zwischen Franken, Thüringen und Sachsen auf der einen und Slawen auf der anderen Seite, ehe dann die sächsischen Kaiser ihr Territorium weiter gen Osten ausdehnten. Natürlich kann die kleine Saale an Imposanz nicht mit dem Rhein konkurrieren. Dafür hat sie anderes vorzuzeigen: Schlängelt sich erst mäanderartig durch die Berge und schwillt dann zu zwei (künstlichen) Seen auf, deren Buchten an Fjorde erinnern. Und die Burgen stehen den rheinischen weder an Alter noch an interessanter Historie oder romantischem Gepräge nach. So birgt zum Beispiel Schloss Burgk den größten Küchenkamin Deutschlands und die Kemenate zu Orlamünde ist jener Ort, wo die Weiße Frau, das bekannteste deutsche Schlossgespenst, zum ersten Mal aufgetaucht ist. Weitere sehenswerte Saaleburgen sind die Burg Ranis, die Heidecksburg, die Ruinen Rudelsburg und Saaleck oder der Giebichenstein bei Halle. Als „Königin des Saaletals" gilt freilich die Leuchtenburg bei Kahla …

Wer besonders viele Burgen auf engstem Raum sehen will, der fahre ins Fränkische, und zwar in jenen – etwas überschwänglich – „Fränkische Schweiz" geheißenen Zipfel, der in etwa durch das Städtedreieck Bamberg, Erlangen und Bayreuth begrenzt wird. Hier gab es sehr viele Täler zu sperren, Höhen zu besetzen. Deshalb der außergewöhnliche Burgenreichtum – mit Unteraufseß, Greifenstein, Egloffstein, Gößweinstein, Rabenstein oder Pottenstein. Aus der Luft sieht das so aus, als läge dort eine der berühmten Nürnberger Spielzeugschachteln offen. Vielleicht einem Riesen gehörend, dem Burgenbauen und -zerstören zur Lieblingsbeschäftigung wurden …

Verständlich, dass bei dieser Vielfalt die Wahl der schönsten deutschen Burg nicht leichtfällt. Zumindest liegt es nahe, den Ruhm zweizuteilen: Wer *die* mittelalterliche Märchenburg sucht, findet sie in der Eifel. Acht ineinander verschachtelte, mit Türmchen und Erkern geschmückte Wohntürme machen die Burg Eltz zum Superlativ. Diesen darf, in anderer Hinsicht, auch die Wartburg über Eisenach beanspruchen. Auch sie mit besonders romantischem Anblick, doch darüber hinaus ist sie auch noch ein nationales Symbol deutscher Kultur und Geschichte.

Links:
Burg Eltz im Moselland entspricht dem Idealbild einer mittelalterlichen Ritterburg.

Oben:
Die legendenumwobene Burg Stahleck über Bacharach bietet einen weiten Blick in das Rheintal.

Rechts oben:
Verborgen in den Wäldern des Spessarts liegt das Schloss Mespelbrunn.

Rechts Mitte:
Die Wartburg über Eisenach wurde zum Symbol deutscher Freiheit und Einheit.

Rechts:
Wie ein Schiff im Strom: die Pfalz bei Kaub.

Seite 84/85:
Die sagenhafte Gründung der Wartburg soll im 11. Jahrhundert erfolgt sein. Ebenso weiß die Legende von einem Wettstreit der Minnesänger zu erzählen, der sich hier 1207 zugetragen haben soll. Unter den sechs berühmten Teilnehmern waren angeblich auch Walther von der Vogelweide und Wolfram von Eschenbach. Heinrich von Ofterdingen, der Verlierer, wäre dem Tod verfallen gewesen, wenn ihn nicht der Zauberer Klingsor gerettet hätte.

Links:
Die Stiftskirche St. Servatius auf dem Schlossberg in Quedlinburg ist eine Basilika aus dem 11. Jahrhundert. In der Hallenkrypta dieses eindrucksvollen romanischen Baues wurden der sächsische König Heinrich I. und seine Gemahlin Mathilde beigesetzt. Von besonderem Wert ist der alte Domschatz.

Unten:
Wernigerode entstand bereits im 10. Jahrhundert und wuchs in enger Bindung zwischen Bürgerschaft und Grafenhaus. So steht das heutige prächtige Rathaus seit dem Ausgang des 15. Jahrhunderts auf den Mauern des romanischen gräflichen „Spelhuses“ (Spielhaus).

Seite 88/89:
Auf dem Meißner Burgberg hoch über der Elbe nahm vor 1000 Jahren Sachsens Geschichte ihren Anfang. Die malerische Silhouette wird bestimmt vom gotischen Dom, einem der stilistisch reinsten seiner Art sowie von der spätgotischen Albrechtsburg, dem ersten Schlossbau Deutschlands. In ihren Mauern ließ August der Starke 1710 die erste Porzellanmanufaktur Europas eröffnen.

Unten:
Blick auf den Wittenberger Marktplatz mit dem Lutherdenkmal im Vordergrund und dem Westwerk der Marienkirche, in welcher der Reformator predigte. Der berühmte Thesenanschlag, mit dem er die Auswüchse des Papsttums anprangerte, erfolgte an der Tür der Schlosskirche.

Unten Mitte:
Am malerischen Finkenherd, zu Füßen des Quedlinburger Schlossberges, soll einst der sächsische Fürst Heinrich die Nachricht von seiner Wahl zum deutschen König erhalten haben. Da war er gerade bei seiner Lieblingsbeschäftigung, dem Vogelfang.

Oben:
Im Westchor des Naumburger Domes gibt es eine der ergreifendsten künstlerischen Botschaften aus romanischer Zeit zu bestaunen: Die steinernen Stifterfiguren, von denen die berühmtesten die Namen Ekkehard und Uta tragen, erzählen uns die Geschichte von einem kühlen Kriegsmann und seiner schönen, verletzlichen Frau.

Seite 92/93:
Das malerische Moselstädtchen Cochem ist keltisch-römischen Ursprungs und wird heutzutage vom Weingott Bacchus regiert. Seit dem 12. Jahrhundert wacht die alte Reichsburg mit ihrem imposanten Bergfried über diese Flussschleife.

Rechts:
Im Werdenfelser Land um Garmisch-Partenkirchen scheint die Welt noch in Ordnung. Der Bergbauer mit seinen Jungkühen ist augenscheinliches Symbol einer bis heute lebendigen bäuerlichen Kultur mit althergebrachten Bräuchen, die dem Ansturm der Zeiten standgehalten haben.

Der Wald hat an Deutschlands Mythologie, Geschichte und Wirtschaft erheblichen Anteil und so verwundert die Tatsache, dass die größten Forstflächen nicht etwa in Bayern oder Thüringen, sondern in Hessen liegen. Im hessischen Odenwald werden auch wichtige Schauplätze des „Nibelungenliedes", der Höhepunkt früher deutscher Dichtung, vermutet. Hier soll sich auch die Quelle befinden, wo der blonde Held Siegfried hinterrücks ermordet wurde.
„Quellen"-Geschichten anderer Art hört man aus Bayerns Norden. Dort bilden die alte Domstadt Bamberg und das ehemals preußische Kulmbach gewissermaßen die Doppelkrone des in aller Welt bekannten oberfränkischen Bierlandes. Nirgends sonst in Deutschland haben Quellen Brauereien in solcher Dichte zu versorgen, gibt es Biere in solcher Vielfalt. Viele kleine und kleinste mit Gaststätten verknüpfte Familienbetriebe bereiten nicht nur das Bier, sondern auch die typischen Brotzeiten selbst: Backen ihr Brot im eigenen Backofen, reichen Fleisch und Wurst aus eigener Schlachtung.
Den topografischen Höhepunkt stellen die Alpen dar – mit 2963 Metern ist man hierzulande auf der Zugspitze dem Himmel am nächsten. Wassersportler wiederum haben mit dem Bodensee, dessen deutsches Ufer sich Bayern und Baden-Württemberg teilen müssen, ihr größtes binnenländisches Betätigungsfeld. Damit nicht genug, ist auch das Absolutum, der „Blick zum Ende der Welt" von hier aus nicht allzu weit. Zu diesem Zweck komme man ins Badische, wo die Schloss- und Gartenanlage von Schwetzingen an das „Goldene Zeitalter" der Kurpfalz im 18. Jahrhundert erinnert. Hier, in einem Laubengang, vermitteln Bewuchs und Malerei die Illusion, als blicke man ins Paradies.

Großes Bild:
Der Burgenreichtum des mittleren Rheintals ist sprichwörtlich. Wohin der Blick auch geht – eine dieser mittelalterlichen Wehranlagen, und sei es nur eine Ruine, ist immer dabei. Sogar mitten im Fluss – wie die Burg Pfalzgrafenstein bei Kaub.

Rechts:
Rhein und Wein klingen bekanntlich gut zusammen. Von Bacharach heißt es seit alters, dass dort ein besonders guter Tropfen wachse. Dazu kommt die malerische Kulisse der über 1000-jährigen Stadt – mit der Ruine der Wernerkapelle und der alten Stauferfeste Stahleck.

Rechts:
Das altehrwürdige „goldene“ Mainz ist Landeshauptstadt von Rheinland-Pfalz, Bischofssitz und Universitätsstadt. Bereits die Römer machten die Siedlung gegenüber der Mündung des Mains in den Rhein zum Hauptort ihrer Provinz Germania Superior. Gutenberg erfand hier um 1450 die europäische Buchdruckerkunst. Hauptsehenswürdigkeit von Mainz ist der romanische Dom, an dem neun Jahrhunderte gebaut wurde.

Rechts:
In Trier, der ältesten Stadt Deutschlands, fühlt man sich noch immer wie in der Römerzeit. Absoluter Höhepunkt ist die noch völlig in die städtischen Funktionen einbezogene Porta Nigra, das Nordtor der alten Stadtmauer, der größte erhaltene römische Torbogen überhaupt.

Weinland Deutschland

Seit alters streiten hierzulande zwei Götter um der Menschen Gunst: Bacchus und Gambrinus. Das heißt, eigentlich geht es weniger um diese beiden, sondern um die von ihnen repräsentierten Getränke Wein und Bier. Der Wein war wahrscheinlich früher da, doch im 19. Jahrhundert hatte ihn die Reblaus fast gänzlich vernichtet. Der Ausbau heute findet auf deutlich kleinerem Terrain statt als vor dieser Katastrophe für den Weinbau.

Ein ausgeprägtes Qualitätsbewusstsein verschiedener junger Winzer hat dem Wein aus deutschen Anbaugebieten zu Ansehen verholfen. Neue Wege im Anbau und im Keller sowie die Beschränkung der Hektarerträge führten in den vergangenen Jahren zum Erfolg. Rieslinge aus dem Rheingau und dem Gebiet Mosel-Saar-Ruwer genießen heute internationalen Ruf, Spätburgunder Rotweine aus Baden oder der Pfalz, früher schon mal als „Trinkmarmelade" klassifiziert, brauchen den Vergleich mit den französischen Nachbarn nicht mehr zu scheuen. Dieses neue Selbstbewusstsein hat auch bei der Bewirtung von Staatsgästen der Bundesregierung Eingang gefunden, bei dessen Anlass nur Weine von deutschen Winzern ausgeschenkt werden.

Immerhin schätzen viele Einheimische und Touristen nicht nur den unmittelbaren Trinkgenuss, sondern auch das Erlebnis jener durch jahrhundertelangen Weinbau geprägten Kulturlandschaft. Vor allem zur Lese im Herbst kommen in den stimmungsvollen Winzerorten die Menschen zusammen, um dem jungen Rebsaft und natürlich sich selbst ein Fest zu geben.

Bei den deutschen Weinbaugebieten handelt es sich um die nördlichsten geschlossenen der Erde. Das bedeutet, dass die Vegetationsdauer vergleichsweise kurz ist und die Witterung (Fröste im Frühling und Herbst; Kälte im Winter; Nässe oder Trockenheit im Sommer) die Winzer vor Probleme stellt. Auch aus diesem Grund wächst der Wein nur in Rheinhessen und in der Rheinpfalz in der Ebene, ansonsten aber vorwiegend an sonnigen Südost- bis Südwest-Hügelketten und Steilhängen.

Eines der größten Anbaugebiete („Weinkammer Deutschlands") ist die Pfalz. Pfälzer Wald, Vogesen und Haardt sorgen hier für ein fast mediterranes Klima mit herzhaft-süffigem Wein. Dessen Terrain reicht von der Ortschaft Schweigen an der elsässischen Grenze bis vor die Tore von Worms. Die malerischen Winzerorte wie Bergzabern, Edenkoben, Hambach, Dürkheim (größte deutsche Weinbaugemeinde), Herzheim und Bockenheim sind durch die Deutsche Weinstraße verbunden.

Das nördlich gelegene rheinhessische Anbaugebiet bringt heitere, liebliche, duftige Weine hervor. Nicht zu Unrecht bezeichnete der berühmte Dramatiker Carl Zuckmayer den Rebensaft seiner Heimat als „Lachwein". Bekannte Weinbauorte dieser Region sind unter anderm Alsheim, Oppenheim, Nierstein, Ingelheim und Bingen. So ist es wohl kein Zufall, dass die bekannte Mystikerin und Benediktiner-Äbtissin Hildegard von Bingen (1098–1179) Wein als Medikament empfahl. Die Legende berichtet sogar, dass sie damit das Land vor der Pest bewahrt habe. Diese wundersame Geschichte bezieht sich allerdings nicht auf den rheinhessischen, sondern auf den Frankenwein, dessen Anbaugebiet um Würzburg im Mittelalter sehr viel größer gewesen ist als heute. Unverändert blieb der hohe Anspruch: „Frankenwein = Krankenwein", heißt es bis heute. Und damit man diesen heilsamen Trunk nicht verwechseln kann, wird er in den bekannten dickbauchigen Bocksbeutelflaschen angeboten.

Den besonderen Ruf, „Mittelpunkt deutscher Weinkultur" zu sein, genießen jedoch weder diese genannten Anbaugebiete noch jene nicht minder gerühmten in Baden-Württemberg oder die an den Flüssen Nahe, Mosel, Saar, Ruwer und Ahr sowie die kleine, aber feine mittelrheinische Region mit dem berühmten Bacharach, sondern der Rheingau. Von den Römern bis zu Karl dem Großen, von den Zisterziensern aus dem Kloster Eberbach bis zu den Benediktinern auf dem Johannisberg, von Goethe bis zur Queen Victoria reicht die Palette der Liebhaber und Förderer dieses Weins. Apropos Queen. Die mochte den Hochheimer ganz besonders und seither bezeichnet der Englisch sprechende Teil der Welt generell alle hiesigen Weine als „hock"...

Auch im Osten Deutschlands gibt es zwei winzige Weinbaugebiete. Sowohl an der Elbe bei Meißen als auch am Zusammenfluss von Unstrut und Saale wachsen Reben – und nicht die schlechtesten.

Links:
In den Weinkellern lagern zum Teil wahre Schätze.

Oben:
Sanft hügelig ist im Markgräflerland der Übergang von der Rheinebene zum Schwarzwald. In der sonnendurchfluteten Landschaft – im Hintergrund ist Ballrechten zu sehen – hat der Weinbau Tradition.

Rechts oben:
Der prüfende Blick des Kellermeisters gilt der Farbe des jungen Weins.

Rechts Mitte:
Bei der Lese werden alle Hände gebraucht.

Rechts:
Ehe aus den Trauben Wein wird, ist viel Arbeit vonnöten.

Rechts:
Auch wenn die Skyline Frankfurt am Main das nicht vermuten lässt – diese Stadt ist mehr als 1200 Jahre alt. Hier wurde Goethe geboren und knapp hundert Jahre später mit der 1848 in der Paulskirche einberufenen Nationalversammlung der bürgerliche Parlamentarismus in Deutschland.

Ganz oben:
Wiesbaden, die hessische Landeshauptstadt, liegt am Fuße des Taunus. Die heilenden Quellen des römischen Thermalbades sprudeln bis heute. Sie ließen den Ort im 19. Jahrhundert zu einem der luxuriösesten Kurbäder Europas werden. Aus dieser Glanzzeit stammt auch der Bau des heutigen Hessischen Staatstheaters.

Oben:
Am Deutschen Eck in Koblenz trifft sich die Mosel mit dem Rhein. Aus dieser Begegnung erwächst eines der schönsten Flussbilder Deutschlands. Die Stadt selbst liefert etliche Highlights für diesen prächtigen Rahmen – so den auf die Römer zurückgehenden mittelalterlichen Stadtkern, alte Kirchen und das beliebte Ausflugsziel Festung Ehrenbreitstein.

Seite 100/101: Blick auf Freiburg vom Lorettoberg aus. Unübersehbar der 115 Meter hohe „schönste Turm der Christenheit", wie der Historiker Jacob Burckhardt begeistert schrieb. Er gehört zu dem nicht minder berühmten Münster Unserer Lieben Frau, mit dessen Bau um 1200 begonnen wurde.

Oben:
Eines der ältesten ländlichen Freilichtmuseen ist der nach einem der Gebäude benannte „Vogtsbauernhof" im schwarzwäldischen Gutach. Hier werden sowohl verschiedene Haustypen als auch bäuerliches Handwerk und Gärten gezeigt; nicht zu vergessen das „Brennhäusle" für den im Schwarzwald so beliebten Obstler.

Rechts:
Die Arbeit im Garten ist getan, nun ist die alte hölzerne Bank gefragt, um das Geschaffene zu überschauen und vielleicht auch Künftiges zu besprechen. Die Schwarzwälder gelten als sehr fleißige Leute, aber sie wissen auch zu leben. Und das bedeutet nicht nur Arbeit.

Links:
Auch wenn es Aufwand und Zeit erfordert – hier wird noch nach alter Sitte das tägliche Brot selbst gebacken. Und man schwört darauf, dass es nicht nur viel besser und würziger schmeckt als das gekaufte, sondern sich auch viel länger hält.

Unten:
Welch landschaftliche Harmonie, welch Gleichklang von Berg und Tal, Wald und Flur, von Natur- und Menschenwerk! Zu finden im Mittleren Schwarzwald bei Landwasser im Oberprechtal, einem Seitenarm des Elztals.

Links:
Schauplatz ist die alte Reichsstadt Rottweil. Alljährlich am Rosenmontag, Schlag acht Uhr morgens, beginnt hier der „Narrensprung“ – eine der vielbesuchten Attraktionen der schwäbisch-alemannischen Fasnacht. Für nicht wenige Bewohner des Schwarzwaldes, aber auch benachbarter Gebiete, wie die ehemals geistlichen Territorien am Bodensee, ist das die „Fünfte Jahreszeit“.

Unten:
Die „Fasnets“-Bräuche sind urtümlich, die hölzernen Masken und Kostüme auch. Teufel, Hexen, Dämonen und andere Schreckgestalten ziehen lärmend durch die Straßen. Es gilt, den Winter zu vertreiben und den Frühling herbeizurufen. Dazu braucht es närrische Schläue und auch schlagende Gewalt.

Oben:
In der Fasnets-Hochburg Elzach kommen die schaurigen Gestalten nicht am Tage, sondern nächtens zusammen. Lichter erhellen die gespenstische Szene. Und die vielen Schaulustigen können das Fürchten lernen. Im Gegensatz zum rheinischen Karneval ist die schwäbisch-alemannische Fasnacht dunkler, archaischer, unverfälschter.

Unten:
Das alte Schloss in Meersburg am Bodensee ist Deutschlands älteste bewohnte Burg; ihre Geschichte geht bis ins 7. Jahrhundert zurück. Bis zu ihrem Tod lebte und arbeitete hier die Dichterin Annette von Droste-Hülshoff, die zu Beginn des 19. Jahrhunderts als Frau in die von Männern dominierte Literaturszene eindrang.

Rechts:
Eines der vielen Highlights am deutschen Ufer des Bodensees ist die Wallfahrtskirche Birnau, welche die benachbarte Zisterzienserabtei Salem im schönsten Rokokostil (um 1750) erbauen ließ.

Rechts Mitte:
Im milden, sonnenreichen Klima des Bodensees ließ Graf Lennart Bernadotte die Insel Mainau in eine Blumeninsel verwandeln. Die gesamte gärtnerische Pracht ist von April bis Oktober zu bewundern, ein Teil der Gewächshäuser ist aber auch im Winter geöffnet.

Links:
In Meersburg lohnt nicht nur das Schloss einen Besuch. Ob nun ein Spaziergang auf der Uferpromenade oder die steilen Gassen hinauf in die obere Stadt – lohnende Ein- und Ausblicke gibt es viele. Das malerische historische Stadtbild zitiert Gotik, Renaissance, Barock und Biedermeier. Das Obertor mit dem Erker des Hotel „Bären" ist nur eines von vielen fotogenen Motiven.

Oben Mitte:
Radolfzell auf der Halbinsel Mettnau hat gleich drei kirchliche Stadtpatrone. Die heißen Theopontus, Senesius und Zeno. Ihnen zu Ehren wird alljährlich am dritten Sonntag im Juli das „Hausherrenfest" gefeiert. Dieser Prozession durch die Altstadt folgt einen Tag später der „Hausherrenmontag". Da kommen die Leute aus Moos in blumengeschmückten Booten über den Zeller See gerudert.

Oben:
Blick von Wallhausen über den Bodensee nach Überlingen. Die einstige Freie Reichsstadt lockt mit Nostalgie und feinen Restaurants.

__Seite 108/109:__ Die Burg Hohenzollern wurde im Stil der Neogotik im Westen der Schwäbischen Alb erbaut und 1867 fertiggestellt. Jährlich pilgern etwa 500 000 Besucher auf diesen Bergkegel, um die „von einem preußischen Kronprinzen und seinen Architekten und Innenausstattern entwickelten" Fantasien von mittelalterlicher Romantik zu genießen.

Links:
Die spätbarocke Dreiflügelanlage des Neuen Schlosses in Stuttgart aus dem 18. Jahrhundert wurde von Herzog Karl Eugen in Auftrag gegeben. Die Jubiläumssäule auf dem Schlossplatz erinnert an das 25. Regierungsjubiläum König Wilhelms I. im Jahre 1841.

Unten:
Schon nach dem Ersten Weltkrieg galt Stuttgart als Ort der Architekturmoderne – verbunden mit Größen wie Walter Gropius, Le Corbusier oder Mies van der Rohe. Die Landeshauptstadt von Baden-Württemberg wird diesem Ruf mit dem Gebäude der Staatsgalerie (Architekt James Stirling) aus dem Jahre 1984 auch heute noch gerecht.

Oben:
Das Schloss Ludwigsburg besitzt 452 Räume und entstand zu Beginn des 18. Jahrhunderts nach Versailler Vorbild. Die Gartenanlagen stehen an Größe und Pracht dem Schloss nicht nach. Das „Blühende Barock" zieht alljährlich Millionen von Besuchern an.

AUGE

Seite 112/113:
In Würzburg erhebt sich über den Weinhängen mächtig die Festung Marienberg. An der Stelle einer keltischen Fliehburg, entstand zunächst eine Marienkapelle, ab 1201 wurde mit dem Bau einer Festung begonnen. Bis 1719 war hier der Sitz der Fürstbischöfe, die sich dann die Residenz in der Stadt erbauen ließen.

Unten:
Bamberg, die alte Kaiser- und Bischofsstadt im Fränkischen, steht auf der Hitliste der schönsten Kommunen Deutschlands mit an vorderster Stelle. Die historische Altstadt mit dem berühmten Dom und dem malerischen Rathaus mitten im Regnitzfluss wurde von der UNESCO zum Weltkulturerbe deklariert.

Seite 116/117:
Rothenburg ob der Tauber hat in einzigartiger Weise sein mittelalterliches Stadtbild bewahrt und ist bestimmt von Fachwerkarchitektur und Stadtmauer mit mächtigen Toren, die einst die Stadt schützten. Die Blütezeit erlebte die Stadt im 14. Jahrhundert und in der späteren Zeit war aufgrund des Geldmangels keine Modernisierung möglich – glücklicherweise.

Unten:
Regensburg an der Donau war nicht nur den Römern, sondern auch den deutschen Königen und Fürsten einen Aufenthalt wert. Erstere gründeten hier ein Kastell, die anderen hielten viele Reichstage in Regensburg ab. Die Steinerne Brücke stammt aus dem 12. Jahrhundert, der Dom St. Peter ist gotisch geprägt.

Oben Mitte:
Nürnberg, die Hauptstadt des Regierungsbezirks Franken, war einst über Jahrhunderte hinweg ein politisches und geistiges Zentrum des Reiches. Das Foto zeigt den Giebel der Frauenkirche. Jeden Tag um 12 Uhr laufen sieben Kurfürsten um Kaiser Karl IV. herum, während die Musikanten ihre Instrumente bewegen – dieses „Männleinlaufen" gibt es schon seit 1509.

Oben:
Von einem Balkon der Frauenkirche aus eröffnet alljährlich im Advent das Christkindl den berühmtesten deutschen Weihnachtsmarkt. Bei Glühwein und Nürnberger Bratwürsten findet man hier alles für den Gabentisch.

Seite 118/119:
Den Bergen ganz nah. Vor allem an Föhntagen scheint die Alpenkette direkt zu Füßen von München zu liegen. Die Türme der Frauenkirche bestimmen die Skyline der Stadt.

Das Münchner Oktoberfest ist ein Fest der Superlative: es ist das größte der Welt! Hier gibt es nicht nur die neuesten und gigantischsten Schaugeschäfte zu erproben, sondern vor allem kulinarische „Schmankerl“. An deren Spitze steht natürlich das Bier, das hierzulande auch scherzhaft als „Volksnahrungsmittel Nr. 1“ bezeichnet wird. Man bekommt es in traditionellen Maßkrügen serviert und dazu spielt die Blasmusik.

Unten und rechts:
Münchens Englischer Garten erstreckt sich über eine Fläche von 417 Hektar entlang der Isar. Das macht ihn zu einer der größten innerstädtischen Grünanlagen der Welt. Bei schönem Wetter trifft sich hier halb München zum Bummeln, Sonnenbaden und zur Einkehr im Biergarten. Der „Monopteros" (unten) ist eines der vielen architektonischen Schmuckstücke des Parks.

Ganz rechts:
Der Biergarten ist Kulturgut in Bayern und in München erst recht. Man trifft sich unter alten schattigen Bäumen zu Bier und Weißwurst, will schauen und gesehen werden. Und wer glaubt, das geschähe nur sommers, der irrt. Schon ein winziger Sonnenstrahl, auch im Januar, verheißt den Beginn der Saison.

Unten:
Der Karlsplatz, von den Münchnern Stachus genannt, war einst einer der verkehrsreichsten Plätze der Stadt. Heute ist er den Fußgängern vorbehalten und die Brunnenanlage sorgt an heißen Tagen für eine kühle Erfrischung.

Unten Mitte:
Der Viktualienmarkt macht seinem Namen alle Ehre: Hier bekommt man die frischesten und besten Lebensmittel – größtenteils direkt vom Erzeuger. Und es gibt auch noch ein paar von jenen legendären Marktfrauen, die mit urmünchnerischem Witz und Schlagfertigkeit ihre Kunden zu bedienen wissen. Links im Bild das Alte Rathaus, rechts die Heilig-Geist-Kirche.

Oben:
Von den vielen berühmten Münchner Biertempeln ist es zweifellos die Nummer 1 und schon seit Langem Kult: das Hofbräuhaus. Hier kann man trinken, essen und bei dem bekannten Lied „In München steht ein Hofbräuhaus …“ auch schunkeln.

Am Ostufer des Ammersees thront Kloster Andechs. 1455 durch Herzog Albrecht III. von Bayern gegründet, wurde es später ein Wallfahrtsort ersten Ranges. Neben der geistlichen Erbauung gibt es hier auch ebenso geschätzte leibliche Genüsse – das berühmte Andechser Klosterbier, das die Benediktinermönche nach alter Rezeptur brauen.

Rechts:
Von der noch heute beeindruckenden innigen Volksfrömmigkeit in Bayern zeugen die vielen Bildstöcke und Kreuze am Weg – wie hier in Aidenried im sogenannten „Pfaffenwinkel".

Oben und oben Mitte:
Die Wieskirche zwischen Schongau und Füssen im Allgäu gilt als ein Meisterwerk des Rokoko in Süddeutschland. Und in der Tat ist der in betörender Fülle mit Stuck verzierte und bemalte Innenraum ein Fest für die Sinne. Groß war da das Entsetzen, als ein Tiefflieger beim Training die Mauern wanken und den Stuck herunterstürzen ließ. Inzwischen erstrahlt die Wallfahrtskirche wieder im alten Glanz.

Seite 126/127:
Winterstimmung am Alpsee im Allgäu: Diesen gewaltigen Natureindruck mag der träumerisch veranlagte bayerische König Ludwig II. beim Blick von seinem Westbalkon in Schloss Neuschwanstein besonders geliebt haben. Im Vordergrund ist das Schloss Hohenschwangau zu sehen.

Ludwig II. von Bayern und seine Schlösser

Man nennt ihn einen Märchenprinzen. Und einem Märchen scheinen auch seine Schlösser Neuschwanstein, Linderhof und Herrenchiemsee zu entstammen. So ist es kein Wunder in unserer prosaischen Zeit, dass Ludwig II. und seine Bauten zu einem Weltbegriff geworden sind und Millionen Besucher aus aller Welt nach Oberbayern locken.
König Ludwig II. von Bayern wurde 1845 als Sohn des Kronprinzen Maximilian von Bayern und der preußischen Prinzessin Marie Friederike geboren. Er musste nach dem frühen Tod seines Vaters die Regierung mit gerade einmal achtzehn Jahren und voller Abneigung gegen seine Umgebung übernehmen. Immerhin, er soll sich überwunden und auch Mühe gegeben haben. Ausgerechnet der preußische Reichskanzler Bismarck bestätigte 1883, drei Jahre vor Ludwigs mysteriösem Tod, dass er „besser als alle seine Minister" zu regieren verstünde. Allerdings hat dieses Lob auch einen kleinen Haken. Denn die preußische Hegemonialpolitik mit zwei Kriegen war dem empfindsamen König absolut zuwider. Gegenüber seinem vertrauten Freund Richard Wagner brachte er die Befürchtung zum Ausdruck, „ein Schattenkönig ohne Macht" zu werden. Doch es kam noch schlimmer: Musste doch ausgerechnet Ludwig im Auftrag der deutschen Fürsten dem preußischen König die Kaiserkrone antragen.
Vermutlich wäre er an solcherlei Realitäten zugrunde gegangen, hätte er nicht eine Pforte in eine andere, märchenhafte Welt gefunden, wo er nach seinen Regeln Regent sein konnte. Sein großes Vorbild war der französische Sonnenkönig Ludwig XIV. Dabei sah der Bayer zwar die Verpflichtung des gemeinsamen Namens, nicht aber die anderthalb Jahrhunderte Veränderungen, die ihn von dem Franzosen trennten. So kam es, wie es kommen musste: Bei dem Versuch, seine schwärmerischen Träume von einer poetischen Vergangenheit à la Lohengrin, Tristan oder Tannhäuser Wirklichkeit werden zu lassen, stieß er an neue Grenzen. Übersah nichts Geringeres als die Finanzen, über die ein bayerischer König des bourgeoisen 19. Jahrhunderts in keinster Weise so verfügen konnte wie der absolutistische französische Monarch. Ludwigs Schlösser fraßen Geld en masse. Man warf ihm vor, das Land zu ruinieren, ließ ihn für unheilbar verrückt erklären. Am 13. Juni 1886 fand man den unglücklichen König zusammen mit dem ihn begleitenden Irrenarzt ertrunken im Starnberger See.
Ludwigs bleibendes Vermächtnis sind seine Schlösser. Plante er anfangs nur den Umbau der Ruine Hohenschwangau zu einer kleinen Raubritterburg, wurde diese ursprüngliche Idee schon bald zugunsten eines monumentalen romantischen Bauwerks aufgegeben.
Für dessen vierstöckigen Palast hatte der König jenen der Wartburg vor Augen. Reiste, um sich selber ein Bild davon zu machen, inkognito nach Thüringen. Doch ihm blieb nicht mehr viel Zeit. Bei seinem Tod war eben nur dieser Teil des später Neuschwanstein genannten Schlosses ausgeführt. Alles andere wurde nach seinem Tod, seinen Ideen und Wünschen gemäß, zu Ende gebracht.
Im Gegensatz zu diesem fantastischen Prachtbau vor bizarrer Alpenkulisse wirkt Schloss Linderhof eher bescheiden und privat. Und auch der Park zielte mit seinen Versatzarchitekturen wie Venusgrotte, Marokkanischem Haus oder Maurischem Kiosk eher auf das persönliche Interesse des Königs an fremden Kulturen und Mythen als auf Öffentlichkeit. Nachdem der goldene Rokokoschlitten mit dem Monarchen das Schlosstor passiert hatte, war dieser allein mit seiner Staffage. Immerhin ist Linderhof das einzige große Bauvorhaben, dessen Fertigstellung er selbst erlebte.
Ein „neues Versailles" wollte Ludwig gar auf der Herreninsel im Chiemsee erstehen lassen. 1878 erfolgte die Grundsteinlegung für das gewaltige Bauwerk, dessen Hauptfassade die des Vorbilds noch übertreffen sollte. Auch war dem König, der meistens nächtens zu Besuch hierher kam, wichtig, die Ausstattung bis ins kleinste Detail dem französischen Original nachzuempfinden. Während Paul Verlaine den Bauherren als „letzten wahren König des Jahrhunderts" feierte, hießen ihn andere einen verrückten Verschwender. Ludwig II. selbst hatte prophezeit, „ein ewig Rätsel zu bleiben".

Links:
Richard Wagner in einem Brief (1866) über Ludwig II.: „Ich halte fortgesetzt den jugendlichen König Ludwig für ganz ungemein befähigt. Wie sich Regenteneigenschaften bei ihm entwickeln werden, ist nun allerdings die große Frage. Einer unbegreiflich sinnlosen Erziehung ist es gelungen, in dem Jünglinge einen tief gehenden, bis jetzt noch ganz unüberwindlich sich zeigenden Widerwillen gegen ernstliche Beschäftigung mit Staatsinteressen zu erwecken, welche er ... wie mit Ekel, abtun lässt.

Seine Familie, der ganze Hof ist ihm widerwärtig, das Armee- und Soldatenwesen verhasst, der Adel lächerlich, die Volksmasse verächtlich; über Pfaffenwesen ist er klar und vorurteilslos, in Betreff der Religion ist er ernst und inbrünstig.“

Oben:
Über den jäh abstürzenden Felsen der Pöllatschlucht erhebt sich Schloss Neuschwanstein.

Bilder rechts, von oben nach unten:
Schloss Hohenschwangau über dem Alpsee war für Ludwig II. „das Paradies der Erde".
Schloss Linderhof: Das kleinste der Schlösser Ludwigs II. ist das einzige, das er noch zu Lebzeiten bewohnte.

Schloss Herrenchiemsee wurde nach Versailler Vorbild errichtet.
Die Spiegelgalerie von Herrenchiemsee ist sogar noch größer als das französische Original in Versailles.

Unten und unten Mitte:
In Bayern wird der Heilige Leonhard seit Langem als Viehpatron verehrt. Am 6. November, seinem Namensfest, finden an vielen Orten Leonhardifahrten statt – wie in Fischhausen am Schliersee (unten) – oder Leonhardiritte – wie in Harmating bei Bad Tölz (unten Mitte). Dabei werden mit den festlich geschmückten Pferden Kirchen oder Kapellen umfahren bzw. umritten und Priester segnen Menschen und Tiere.

Oben:
Das Gebirgsschützenfest in Lenggries ist ein alljährlicher Höhepunkt für Einheimische und Gäste. Die Beteiligten – natürlich in Tracht – küren dabei ihren König. Und danach wird bei süffigem Bier, deftigen Speisen und zünftiger Musik bis in den Morgen getanzt.

Im oberbayerischen Raum hat sich besonders viel altes Brauchtum erhalten. So kleiden sich die Menschen nicht nur für die sonntäglichen Kirchgänge, sondern vielfach auch für die Wallfahrten in ihren Trachten – und zwar als Selbstverständlichkeit und nicht etwa für die Touristen.

Der Königssee gilt als Perle des Berchtesgadener Landes. Im tiefgrünen Wasser spiegeln sich die bis zu 2700 Meter hohen grauen Kalkwände. Von besonderem Reiz ist auch die alte Wallfahrtskirche St. Bartholomä, die dem heiligen Bartholomäus gewidmet ist und dessen Namen der See auch früher trug.

Linke Seite:
Die Ramsauer Pfarrkirche St. Fabian und St. Sebastian im Berchtesgadener Land ist ein bekanntes alpenländisches Fotomotiv. Neben dem kunstvollen Schnitzwerk an der Empore beeindruckt auch der alte Friedhof mit Grabkreuzen aus dem 17. und 18. Jahrhundert.

Bei klarem Wetter geht von der Zugspitze, Deutschlands Dach, ein weiter Blick über das Panorama der Alpen.

Register

DÄNEMARK
Nordsee
Ostsee
Sylt
Nordfriesische Inseln
Nationalpark Schleswig-Holsteinisches Wattenmeer
Flensburg
Husum
Schleswig
SCHLESWIG-
HOLSTEIN
Kieler Bucht
Fehmarn
Mecklenburger Bucht
Helgoland
Deutsche Bucht
Rendsburg
Kiel
Neumünster
Lübecker Bucht
Nationalpark Jasmund
Rügen
Darß
Stralsund
Greifswald
Pommersche Bucht
Usedom
Ostfriesische Inseln
Nationalpark Niedersächsisches Wattenmeer
Cuxhaven
Itzehoe
Elmshorn
Lübeck
Wismar
Rostock
MECKLENBURG-
VORPOMMERN
Wilhelms-haven
Bremer-haven
Stade
Norder-stedt
Hamburg
Schwerin
Elbe
Weser
Emden
Nationalpark Müritz
Waren
Neubrandenburg
Neustrelitz
Mecklenburgische Seenplatte
Groningen
Szczecin
Oldenburg
Delmen-horst
Bremen
Lüneburg
Lüneburger Heide
Ludwigslust
Prenzlau
Uckermark
NIEDER-LANDE
Ems
Schloss Clemenswerth
Cloppen-burg
NIEDERSACHSEN
Uelzen
Wittenberge
Schwedt
Meppen
Vechta
Nienburg
Walsrode
Salzwedel
Neuruppin
Nationalpark Unteres Odertal
Lingen
Emsland
Aller
Celle
Havelland
Oder
Nordhorn
Gifhorn
Stendal
Rathenow
POLEN
Enschede
Rheine
Osnabrück
Minden
Hannover
Wolfsburg
Potsdam
Berlin
Bielefeld
Hildesheim
Braun-schweig
SACHSEN-
ANHALT
Brandenburg
Spree
Frankfurt/Oder
Bocholt
Münster
Weserbergland
Salzgitter
Magdeburg
BRANDENBURG
Kleve
NORDRHEIN-
WESTFALEN
Münsterland
Gütersloh
Detmold
Holz-minden
Goslar
Brocken 1.142 m
Wernigerode
Spreewald
Guben
Archäolog. Park Xanten
Gelsen-kirchen
Herne
Hamm
Pader-born
Leine
Nationalpark Hochharz
Dessau
Wörlitzer Park
Wittenberg
Lübben
Duisburg
Dortmund
Lippstadt
Harz
Cottbus
Krefeld
Essen
Bochum
Arnsberg
Göttingen
Nationalpark Harz
Mönchen-gladbach
Neuss
Hagen
Wuppertal
Rothaargebirge
Nordhausen
Halle
Lausitz
Muskauer Park
Düssel-dorf
Solingen
Kassel
Saale
Leipzig
Hoyerswerda
Leverkusen
Olpe
Eder
Köln
Gummers-bach
Nationalpark Hainich
Naumburg
Meißen
SACHSEN
Bautzen
Görlitz
Aachen
Düren
Siegen
Eisenach
Gotha
Erfurt
Weimar
Zeitz
Dresden
Bonn
Marburg
Bad Hersfeld
Jena
Gera
Chemnitz
Freiberg
Nationalpark Sächsische Schweiz
Nationalpark Eifel
Westerwald
HESSEN
Fulda
THÜRINGEN
Thüringer Wald
BELGIEN
Rhein
Eifel
Wetzlar
Gießen
Zwickau
Erzgebirge
Neuwied
Suhl
Saalfeld
Vogtland
Koblenz
Wasserkuppe 950 m
Plauen
RHEINLAND-
PFALZ
Taunus
Rhön
Hof
Frankfurt
Hanau
Bad Kissingen
Coburg
Wiesbaden
Offenbach
Fichtelgebirge
LUX.
Mosel
Mainz
Aschaffen-burg
Spessart
Schweinfurt
Trier
Bad Kreuznach
Darmstadt
Main
Bamberg
Bayreuth
Prag
Luxembourg
Hunsrück
Odenwald
Würzburg
Worms
Weiden
Pilsen
SAARLAND
Kaisers-lautern
Ludwigs-hafen
Mannheim
Erlangen
Saarlouis
Neunkirchen
Heidelberg
Fürth
Nürnberg
TSCHECHIEN
Saarbrücken
Rothen-burg
Amberg
Speyer
Neckar
BADEN-
WÜRTTEMBERG
Ansbach
Pirmasens
Bayerischer Wald
Heilbronn
Schwäbisch Hall
Weißen-burg
Fränkische Alb
Naab
Großer Arber 1.456 m
Nationalpark Bayerischer Wald
Karlsruhe
Pforzheim
Ludwigsburg
Regensburg
Nancy
Großer Rachel 1.453 m
Baden-Baden
Stuttgart
Aalen
Donaudurchbruch
Straubing
Hornisgrinde 1.164 m
Böblingen
Ingolstadt
Deggendorf
Strasbourg
Heidenheim
BAYERN
Donau
Passau
FRANKREICH
Offenburg
Tübingen
Schwäbische Alb
Landshut
Burg Hohenzollern
Reutlingen
Ulm
Augsburg
Isar
Schwarzwald
Villingen-Schwenningen
Iller
Fürsten-feldbruck
München
Waldkraiburg
Inn
Linz
Freiburg
Memmingen
Lech
Feldberg 1.493 m
Kaufbeuren
Schloss Herrenchiemsee
Chiemsee
Ravensburg
Rosenheim
Chiemgau
Salzburg
Lörrach
Konstanz
Friedrichs-hafen
Kempten
Allgäu
Bad Reichenhall
ÖSTERREICH
Basel
Rhein
Bodensee
Lindau
Garmisch-Partenkirchen
Wendelstein 1.838 m
Watzmann 2.713 m
Nationalpark Berchtesgaden
Schloss Neuschwanstein
SCHWEIZ
Zürich
Zugspitze 2.962 m
Hochvogel 2.592 m
Innsbruck

Typisch altbayrisch: das Hotel „Post" in Wallgau bei Mittenwald.

Bildnachweis
Günter Franz: S. 35 unten.
Ralf Freyer: S. 24/25.
Jürgen Henkelmann: S. 18/19, S. 66, S. 73 oben.
Tina und Horst Herzig: S. 14/15, S. 28/29, S. 62 unten, S. 76/77 (4 Abb.), S. 81, Schutzumschlag hinten.
Werner Richner: S. 83 rechts unten, S. 94 links oben, S. 94 links Mitte, S. 95.
Martin Siepmann: Titelbild, S. 5, S. 20/21, S. 90/91, S. 120, S. 121 rechts unten, S. 122-125 (10 Abb.), S. 128/129 Mitte oben, S. 128 links oben, S. 128 rechts unten, S. 129 links Mitte, S. 129 rechts oben, S. 130-136 (8 Abb.).
Karl-Heinz Raach: S. 10/11, S. 35 oben, 96/97 (5 Abb.), S. 100-103 (5 Abb.), S. 107 rechts Mitte, S. 107 rechts unten.
Verlagsarchiv: S. 129 rechts unten (2 Abb.).
Ernst Wrba: S. 16/17, S. 56 unten, S. 70/71, S. 78 oben, S. 78 unten, S. 82/83 Mitte oben, S. 84/85.
Horst und Daniel Zielske: S. 12/13, S. 26/27, S. 31 rechts oben, S. 32/33 (5 Abb.), S. 37 rechts Mitte, S. 38/39 (6 Abb.), S. 42-49 (17 Abb.); S. 51rechts (3 Abb.); S. 54/55 (4 Abb.), S. 56 oben, S. 58, S.60/61, S. 63 oben (2 Abb.), S. 64/65 (6 Abb.), S. 67 oben, S. 67 unten, S. 68/69, S. 72 unten, S. 72 oben, S. 73 rechts, S. 77 (3 Abb.), S. 80, S. 82 links oben, S. 82 rechts unten, S. 83 rechts oben, S. 86-87 (5 Abb.), S. 92/93, S. 90 links unten, S. 98 (2 Abb.), S. 104/105 (3 Abb.), S. 106 unten, S. 106 oben, S. 110/111 (3 Abb.), S. 114/115 (4 Abb.), S.121 rechts oben.

Sonstige: S. 6/7: sborisov/iStockphoto.com; S. 10/11: fkienas/iStockphoto.com; S. 22/23: manu10319/iStockphoto.com; S. 28/29: totalpics/iStockphoto.com; S. 30 oben: saskia wend/pixelio.de; S. 30 unten: PictureArt/fotolia.com; S. 31 oben links: Olaf Schneider/pixelio.de; S. 31 rechts unten: sack/iStockphoto.com; S. 34: Heike/pixelio.de; S. 36: Daniel Sainthorant/fotolia.com; S. 37 rechts oben, S. 37 rechts unten: Wolfgang Mette/ fotolia.com; S. 40/41: Gourmecana/fotolia.com; S. 50 oben: Dieter Hopf/pixelio.de; S. 50 unten: Dietmar Meinert/pixelio.de; S. 52/53: delray77/iStockphoto.com; S. 57 oben: Plumpaquatsch/Wikipedia Commons; S. 57 Mitte: MatthiasKabel/Wikipedia Commons; S. 57 unten: Matthias Kabel/Wikipedia Commons; S. 59 oben links: Daniel Ullrich, Threedots/Wikipedia Commons; S. 59 oben rechts: Frank Vincentz/Wikipedia Commons; S. 59 unten links: Mbdortmund/Wikipedia Commons; S. 59 unten rechts: Heribert Pohl/Wikipedia Commons; S. 62 oben: Lapplaender/Wikipedia Commons; S. 63 rechts unten: Carsten Raum/pixelio.de; S. 76/77: Matthew Dixon/iStockphoto.com; S. 88/89: Rolf Weschke/iStockphoto.com; S. 99: Michael Opper/pixelio.de; S. 107 oben links: Stako/Wikipedia Commons; S. 107 rechts oben: H.D.Volz/pixelio.de; S. 108/109: Manuela Weschke/iStockphoto.com; S. 112/113: Jürgen Roth, Würzburg; S. 116/117: Steffi Langer/iStockphoto.com; S. 118/119: bkindler/iStckphoto.com; S. 126/127: Ingmar Wesemann/iStockphoto.com.

Impressum

Buchgestaltung
www.hoyerdesign.de

Karte
Fischer Kartografie, Aichach

Printed in Italy
Repro: Artilitho snc, Lavis-Trento, Italien
www.artilitho.com
Druck und Verarbeitung: Grafiche Stella srl, Verona, Italien
www.grafichestella.it

ISBN 978-3-8003-4335-5

Unser gesamtes Programm finden Sie unter:
www.verlagshaus.com